가장 쉽게 배우는
러시아어 작문 첫걸음

송해정 지음

미르에듀

| 머리말 |

대학에서 '러시아어 작문' 강의를 해 온지 벌써 몇 해, 그간의 강의 자료들이 주위 분들의 도움으로 한 권의 책으로 엮어졌습니다. 처음 작문 강의를 준비하면서 작문이란 배우는 사람 뿐 아니라 가르치는 사람에게도 막연함을 느꼈고, 일주일에 한 번, 1년의 기간을 목표로 학생들에게 무엇을, 어떻게 전해주어야 좋을지를 고민했습니다. 그리고 초급 러시아어 과정에서 러시아어의 기초 어휘를 습득하고 기본 문법을 익힌 학생들에게 작문 수업은 무엇보다도 그 동안 배운 것을 활용하여 표현하는 연습이 되어야 한다고 생각했습니다. 작문이란 어휘들을 사용하고 문법의 규칙을 응용하는 작업이기 때문입니다. 따라서 이 책은 러시아어의 기초 어휘와 기본 문법에 대한 지식을 능동적으로 활용하여 다양한 상황을 표현하는 것을 목표로 합니다. 그러므로 대학에서 1년 정도의 초급 러시아어 과정을 마친 학생들을 위한 강의교재로서, 또는 기초어휘나 기초문법을 습득하고서 러시아어의 기본을 다지고자 하는 학습자들에게 알맞을 것입니다.

책은 표현내용에 따른 주제별로 구성되어있습니다. 따라서 장소와 방향의 표현, 원인과 결과의 표현, 시간의 표현 등 13개 과로 구분되는데, 이러한 구분의 주된 지표가 된 것은 기능문법서인 ≪Функциональная грамматика русского языка - Н.В.Кузьмина≫ 였습니다. 먼저 각 과의 첫 부분에는 해당 과의 문장 표현에서 사용되는 주요 수단인 핵심어들이 모두 등장합니다. 그리고 이들 핵심어들은 본문의 각 항에서 차례대로 기술됩니다. 각 항에는 제일 먼저 우리말 표현이 주어지고, 이를 러시아어로 옮기기 위한 준비과정으로서 어휘 및 표현과 해설이 있은 후에 러시아어 표현이 뒤따릅니다. 또한 관련된 핵심어를 활용한 문장들을 예제로서 제시하여 다양한 표현을 연습할 수 있도록 하였습니다. 이렇게 해당 과의 모든 항을 거치고 나면 스스로 문장을 구성해 보는 연습문제를 만나게 되는데, 연습문제의 배치를 본문의 각 항들의 배치와 같게 하였으므로 효과적으로 본문을 참고할 수도 있을 것입니다. 어휘와 문법을 습득하며 러시아어를 이해하게 된 이들이 이 책을 통해 러시아어 표현에도 자신감을 갖게 되길 소망합니다.

작업을 마무리하는 요즈음, 늘 곁에서 힘이 되어주시는 주위의 분들이 많이 생각납니다. 특히 책의 출판을 독려하며 자문역할을 해주신 표상용 선생님과 오랜 기간 많은 부분을 함께 해주신 장한 선생님, 그리고 기꺼이 러시아어 감수를 맡아주신 끼릴 예르마꼬프 선생님과 아마도 러시아에 대한 애정으로 책의 편집과 출판을 떠맡아주셨을 산호와진주의 장영재 사장님께 이 자리를 빌어 깊은 감사를 전합니다.

2006년 8월 송 해 정

책에 사용된 약어와 기호

[명]	명사
[남]	남성명사
[여]	여성명사
[중]	중성명사
[불변]	불변명사
[집합]	집합명사
[복]	복수
[완]	완료상 동사
[불완]	불완료상 동사
[일방향]	일방향 동사
[다방향]	다방향 동사
[무인동]	무인칭 동사

СВ : Совершенный Вид	완료상 동사
НСВ : Несовершенный Вид	불완료상 동사
инф. : Инфинитив	동사 원형
наст. : Настоящее Время	현재시제
буд. : Будущее Время	미래시제
(мн.) : Множественное Число	복수
кто – что	주격
кого – чего	소유격
кому – чему	수여격
кого – что	목적격
кем – чем	도구격
ком – чём	전치격

차례

01 **장소와 방향의 표현 ❶** ⋯⋯⋯⋯⋯⋯⋯⋯⋯⋯⋯⋯⋯⋯⋯⋯ 6
어디에서, 어디로, 어디로부터

02 **장소와 방향의 표현 ❷** ⋯⋯⋯⋯⋯⋯⋯⋯⋯⋯⋯⋯⋯⋯⋯⋯ 27
어디에서, 어디로, 어디로부터

03 **원인과 결과 표현** ⋯⋯⋯⋯⋯⋯⋯⋯⋯⋯⋯⋯⋯⋯⋯⋯⋯⋯ 45
왜냐하면, 그런 까닭에

04 **시간의 표현 ❶** ⋯⋯⋯⋯⋯⋯⋯⋯⋯⋯⋯⋯⋯⋯⋯⋯⋯⋯⋯ 59
언제, 얼마나 자주, 얼마동안

05 **시간의 표현 ❷** ⋯⋯⋯⋯⋯⋯⋯⋯⋯⋯⋯⋯⋯⋯⋯⋯⋯⋯⋯ 75
언제, 얼마나 자주, 얼마동안

06 **존재의 표현** ⋯⋯⋯⋯⋯⋯⋯⋯⋯⋯⋯⋯⋯⋯⋯⋯⋯⋯⋯⋯ 101
~이 있다, ~이 없다

07 **조건과 모순관계 표현** ⋯⋯⋯⋯⋯⋯⋯⋯⋯⋯⋯⋯⋯⋯⋯⋯ 119
만일 ~한다면, 비록 ~하더라도

08 **목적 표현** ⋯⋯⋯⋯⋯⋯⋯⋯⋯⋯⋯⋯⋯⋯⋯⋯⋯⋯⋯⋯⋯ 139
~하기 위하여

09 **비교, 비유 표현** ⋯⋯⋯⋯⋯⋯⋯⋯⋯⋯⋯⋯⋯⋯⋯⋯⋯⋯ 152
~보다 더 ⋯한, ~처럼

10 **양상 표현** ⋯⋯⋯⋯⋯⋯⋯⋯⋯⋯⋯⋯⋯⋯⋯⋯⋯⋯⋯⋯⋯ 167
~해야 한다, ~할 수 있다, ~해도 된다, ~하기 원하다

11 **감정, 정서 표현 ❶** ⋯⋯⋯⋯⋯⋯⋯⋯⋯⋯⋯⋯⋯⋯⋯⋯⋯ 189
"두렵다, 슬프다"등의 정서적 상태 표현

12 **감정, 정서 표현 ❷** ⋯⋯⋯⋯⋯⋯⋯⋯⋯⋯⋯⋯⋯⋯⋯⋯⋯ 209
"두렵다, 슬프다"등의 정서적 상태 표현

13 **의문문** ⋯⋯⋯⋯⋯⋯⋯⋯⋯⋯⋯⋯⋯⋯⋯⋯⋯⋯⋯⋯⋯⋯ 221
무엇입니까?, ~인가요?

01 장소와 방향의 표현 1

어디에서
어디로
어디로부터

부사구

Где?	Куда?	Откуда?
здесь;тут ↔ там	сюда ↔ туда	отсюда ↔ оттуда
слева ↔ справа	налево ↔ направо	слева ↔ справа
наверху ↔ внизу	наверх ↔ вниз	сверху ↔ снизу
впереди ↔ позади	вперёд ↔ назад	спереди ↔ сзади
внутри ↔ снаружи	внутрь ↔ наружу	изнутри ↔ снаружи
везде; всюду	-	отовсюду
вдали; далеко	вдаль; далеко	издали; издалека
где-то	куда-то	откуда-то
где-нибудь	куда-нибудь	откуда-нибудь
нигде	никуда	ниоткуда
негде	некуда	неоткуда

행위가 일어나는 장소나 이동의 방향과 관련된 "공간 관계"는 공간부사나 해당 전치사를 사용하여 표현할 수 있다. 제 1 과에서는 먼저 공간부사의 사용을 공부할 것이다. 위의 표에서 알 수 있듯 "공간 관계"는 행위가 일어나는 장소('어디에서')와 이동의 목적지('어디로'), 이동의 출발지('어디로부터')로 나누어 볼 수 있다.

01 당신은 여기에서 오랫동안 머무르실 건가요?

어휘 및 표현

- 머무르다 оставаться /остаться; останавливаться /остановиться
- 오래 долго
- 여기에서 здесь; тут

해설

- 여기에 здесь; тут ↔ 저기에 там
- 이리로 сюда ↔ 저리로 туда
- 여기로부터 отсюда ↔ 거기로부터 оттуда

예제

1. 도대체 누가 여기서 내 서류를 건드렸지?
- 서류 документ; бумаги[복]
- 건드리다, 손대다 трогать /тронуть
- 도대체 누가 кто это(소사 это는 의문사 뒤에 붙어서 그 의미를 강조해준다)
- 여기에 здесь; тут

> Кто это тут трогал мои бумаги?

2. 당신 말고 누가 거기 있었죠?
- ~을 제외하고 кроме *кого-чего*
- 거기에 там

> Кто там был, кроме вас?

3. 당신 여기로 전화했었어요?
- 전화를 걸다 звонить/позвонить (по телефону)
- 이리로 сюда

> Вы сюда звонили?

4. 그곳은 기차로도 지하철로도 갈 수 있어.
   - 기차를 타고 на поезде; поездом
   - 지하철을 타고 на метро; метро
   - 거기로 туда

   > Туда можно ехать и поездом и метро.

5. 왠지 나는 이곳을 떠나고 싶지가 않다.
   - 떠나다(차로) уезжать/уехать
   - 하고 싶다(희망) (кому)хочется + инф.
   - 왠지 почему-то; что-то
   - 여기로부터 отсюда

   > Не хочется мне почему-то уезжать отсюда.

6. 그곳에서 지하철역까지는 엎드리면 코 닿을 거리다.
   - 지하철역 станция метро
   - 매우 가까운 рукой подать(손으로 닿을 수 있는); очень близко
   - ~까지 до чего
   - 거기로부터 оттуда

   > Оттуда до метро рукой подать.

러시아어 표현

Вы здесь долго останетесь?

---

02 곧장 가시다가 그 다음에 오른쪽으로 돌아가세요.

어휘 및 표현

- 방향을 바꾸다 повёртывать/повернуть; свёртывать/свернуть
- 다음에 потом; затем
- 곧장, 똑바로 прямо
- 오른쪽으로 направо

해설

- 왼쪽에 слева ↔ 오른쪽에 справа
- 왼쪽으로 налево; влево ↔ 오른쪽으로 направо; вправо
- 왼쪽으로부터 слева ↔ 오른쪽으로부터 справа

налево; влево, направо; вправо는 "방향(어디로)" 뿐 아니라 "위치(어디에)"의 표현에도 쓰인다.

예제

1. 길 왼편에 숲이 나타났다.

- 숲 лес
- 나타나다, 모습을 보이다 показываться/показаться; появляться/появиться
- ~의 왼쪽에 слева от *чего*

> Слева от дороги показался лес.

2. 도서관은 오른편에 있다.

- 도서관 библиотека
- 위치하다, 있다 находиться[불완]
- 오른편에 справа

> Библиотека находится справа.

3. 아랍어 문자는 오른쪽에서 왼쪽으로 읽는다.

- 문자, 글자 письмо[단]
- 읽다 читать/прочитать
- 아라비아의 арабский
- 오른쪽으로부터 справа
- 왼쪽으로 налево; влево

> Арабское письмо читается справа налево.

4. 바람이 왼쪽에서 분다.

- 바람 ветер
- (바람이)불다 дуть/подуть
- 왼쪽으로부터 слева

> Ветер дует слева.

5. 그는 이 사진에서 오른쪽에서 두 번째 사람이다.
- 사진 фотография
- 두 번째의 второй
- 오른쪽으로부터 справа

> Он второй справа на этой фотографии.

러시아어 표현

Идите прямо, а потом сверните направо.

03 나는 계단을 위아래로 뛰어다녀야 한다.

어휘 및 표현

- 계단 лестница
- 계단으로(표면을 따른 움직임) по лестнице
- 해야 한다(원하지 않더라도) (кому)приходиться/прийтись+инф.
- 뛰어다니다 бегать[다방향]
- 위아래로 вверх и вниз

해설

- 위에 наверху; вверху ↔ 아래에 внизу
- 위로 наверх; вверх ↔ 아래로 вниз
- 위로부터 сверху ↔ 아래로부터 снизу

예제

1. 머리 위 높은 곳에 비행기가 날아간다.
- 비행기 самолёт; аэроплан
- 질주하다, 빨리 날다 нестись[불완]
- ~의 위에(공간을 두고 위쪽) над чем
- 위에 вверху; наверху

> Вверху над головой несётся аэроплан.

2. 진찰실은 아래층에 있습니다.
- 진찰실 кабинет врача; приёмная врача
- 아래에 внизу

> Приёмная врача внизу.

3. 위로 가자, 거기가 더 시원해.
- 더 시원한 прохладный 〉 прохладнее
- 위로 наверх; вверх

> Пойдём наверх, там прохладнее.

4. 그를 당신께 내려 보낼까요?
- 보내다 посылать/послать; отправлять/отправить
- 당신에게로 к вам
- 아래로 вниз

> Послать его к вам вниз?

5. 위로부터 외풍이 대단하다.
- 외풍이 불다 дуть/подуть[무인동]
- 심한, 지독한 ужасный
- 위로부터 сверху

> Сверху ужасно дует.

6. 이곳으로는 아래에서 그 어떤 소음도 들려오지 않는다.
- 소음 шум
- 들려오다, 울려오다(소리) доноситься/донестись
- 어떠한 ~도(않다) никакой
- 아래로부터 снизу

> Сюда снизу не доносится никакого шума.

러시아어 표현

Мне приходится бегать по лестнице вверх и вниз.

04 | 그가 뒤에서 다가와 나를 깜짝 놀라게 했다.

어휘 및 표현

- 다가오다, 접근하다 подходить/подойти
- 깜짝 놀라게 하다 пугать/испугать *кого*
- 뒤로부터 сзади

해설

- 앞에 впереди; спереди ↔ 뒤에 позади; сзади
- 앞으로 вперёд ↔ 뒤로 назад; взад
- 앞으로부터 спереди ↔ 뒤로부터 сзади

예제

1. 양복저고리가 앞이 좀 끼어요.

- 양복상의 пиджак
- 좁은, 갑갑한 узкий
- 약간 немного
- 앞에 впереди; спереди

> Впереди пиджак немного узок.

2. 나는 극장에서 뒤쪽에 앉아있었다.

- 앉아있다 сидеть[불완]
- 뒤에 позади; сзади

> Я сидел в театре позади.

3. 그가 방안을 이리저리 왔다 갔다 한다.

- 방 комната
- 걸어 다니다 ходить[다방향]
- ~의 속을(표면) по *чему*
- 이리저리, 앞뒤로 взад и вперёд

> Он ходит взад и вперёд по комнате.

4. 시계를 뒤로 5분 돌리세요.

- 시계 часы[복]
- 옮기다, 움직이다 переводить/перевести
- ~만큼(시간차) на *что*
- 뒤로 назад; взад

> Переведите часы назад на пять минут.

5. 갑자기 어딘가 뒤쪽에서 목소리가 들려왔다.

- 목소리 голос
- 들리다 слышаться/послышаться
- 갑자기 внезапно; вдруг
- 어디로부턴가 откуда-то
- 뒤로부터 сзади

> Внезапно откуда-то сзади послышался голос.

러시아어 표현

Он подошёл сзади и испугал меня.

05 이 상자를 안팎으로 칠해주세요.

어휘 및 표현

- 상자, 궤 ящик
- 칠하다, 물들이다 красить/покрасить
- 안팎에서 снаружи и внутри

해설

- 안에 внутри ↔ 밖에 снаружи
- 안으로 внутрь ↔ 밖으로 наружу
- 안으로부터 изнутри ↔ 바깥으로부터 снаружи

예제

1. 이 사과는 속이 완전히 썩었다.
- 사과 яблоко
- 썩은 гнилой
- 완전히 совсем; совершенно
- 안에 внутри

> Внутри это яблоко совсем гнилое.

2. 창문을 밖에서도 닦으십시오.
- 물로 씻다 мыть/помыть(; вымыть)
- 마찬가지로, 역시 тоже
- 밖에 снаружи

> Вымойте окна снаружи тоже.

3. 주의하십시오. 이 약은 복용해서는 안 됩니다.
- 약 лекарство; средство
- 해서는 안 된다(금지) нельзя
- 복용하다 принимать/принять
- 주의! Смотрите!; Будьте осторожны!; Внимание!; Примечание!
- 안으로 внутрь

> Примечание! Это лекарство нельзя принимать внутрь.

4. 그녀는 모피를 겉으로 나오게 하여 외투를 입었다.
- 모피 мех
- 모피외투 шуба
- 입다, 몸에 걸치다 надевать/надеть
- 밖으로 наружу

> Она надела шубу мехом наружу.

5. 볼가 자동차는 내부부터 변화할 것이다.
- 자동차 автомобиль[남]; машина
- 바뀌다, 변화하다 меняться[불완]; изменяться/измениться
- 안으로부터 изнутри

> Автомобиль "Волга" будет меняться изнутри.

6. 문은 밖에서 빗장이 걸려 잠겨 있다.

- 문 дверь[여]
- 빗장 задвижка; щеколда
- 빗장을 걸어 на задвижку; на щеколду
- 잠그다(자물쇠, 빗장, 고리 등으로) запирать/запереть
- 밖으로부터 снаружи

> Дверь заперта на задвижку снаружи.

러시아어 표현

Покрасьте этот ящик и снаружи и внутри.

06 그녀는 어디서나 환대 받았다.

어휘 및 표현

- 환영하다 принимать/принять хорошо(; ~радушно)
- 어디에서나 везде; всюду

해설

- 어디에서나 везде; всюду; повсюду
- 도처로부터, 사방팔방에서 отовсюду

'그녀는 환대 받았다'는 '그녀를 환대하였다'라는 능동문과 같은 의미로서, 주어 없이 동사 3인칭 복수형을 쓰는 "불특정인칭문"을 사용한다.

참고 ▶ 러시아어에서는 화자의 주된 관심이 행위 사실에 집중되면서 행위자는 관심밖에 놓일 때 주어가 생략되고 동사 3인칭 복수형이 쓰이는 "불특정(неопределённое)인칭문"을 사용한다. 주어가 없으므로 행위자가 분명치 않은 문장이며, 상황에 따라 능동이나 피동으로 해석된다.

Говорят, что он болен. 그가 아프다고 한다.
В киоске продают газеты. 가판대에서 신문을 판다.
В школе изучали русский язык. 학교에서 러시아어가 연구되었다.

실제 행위자는 불특정 다수일 수도, 불특정 1인일 수도 있다.

Принесли письмо. 편지가 배달되었다.

예제

1. 가는 곳마다 건설공사가 진행 중이다.
- 건설, 건축 строительство; постройка
- 진행하다, 행하여지다 идти[불완]
- 가는 곳마다, 어느 곳이든 везде; всюду

> Везде идёт строительство.

2. 도시는 가는 곳마다 정체다.
- 정체, 혼잡 пробка; затор

> В городе всюду пробки.

3. 사방에서 갖가지 소문이 들리지만 그게 얼마만큼 진실인지는 알지 못한다.
- 소문 слух
- 듣다(들리다) слышать/услышать
- 알다, 인식하다 знать[불완]
- 여러 가지의, 서로 다른 разный
- 옳은, 진실한 верный
- 얼마만큼, 어느 정도 насколько
- 사방으로부터 отовсюду

> Отовсюду слышу разные слухи, но насколько они верны - не знаю.

러시아어 표현

Её всюду хорошо принимали.

07 집은 큰길에서 멀리 떨어져있다.

어휘 및 표현

- 큰길, 대로 главная(; большая) дорога; проспект(도시의 큰 거리); авеню(가로수길)
- 위치하다 находиться[불완]
- ~로부터 멀리에 вдали(; далеко) от чего

해설

- 멀리에 вдали; далеко
- 멀리(로) вдаль; далеко
- 멀리로부터 издали; издалека

예제

1. 저 멀리 기차 연기가 보였다.

- 연기 дым; дымок(가는 연기)
- 모습을 보이다 показываться/показаться
- 멀리에 вдали; далеко

> Вдали показался дымок поезда.

2. 시력이 떨어져 멀리 볼 수가 없다.

- 시력 зрение
- 할 수 있다 мочь/смочь
- 떨어지다 падать/пасть(; упасть)
- 보다 смотреть/посмотреть; глядеть/поглядеть
- 멀리, 먼 곳을 вдаль; далеко

> Я смотрю вдаль.

3. 우리 연구소 건물은 멀리에서도 보인다.

- 연구소 институт
- 건물 здание

- 보이다 видный 〉 виден(а,о,ы); видно *кого-что*
- 멀리로부터 издали; издалека

> Здание нашего института видно издалека.

러시아어 표현

Дом находится вдали от главной дороги.

08 | 당신이 일꾼을 필요로 한다는 걸 그가 어디선가 알았어요.

어휘 및 표현

- 일꾼, 종업원 работник; рабочий
- 필요하다(어떤 대상이) *кому* нужен(а,о,ы) *что*
- 알게 되다 узнавать/узнать
- 어디로부턴가 откуда-то

해설

- 어딘가에 где-то
- 어디론가 куда-то
- 어디로부턴가 откуда-то

참고 ▶ 불특정성을 나타내는 소사 кое-/ -то/ -нибудь
① 화자는 알고 청자만 모르는 구체적인 대상에 대해 кое-:
내가 너 주려고 뭔가를 사왔어. Я тебе кое-что купила.
② 화자가 모르고 있는 구체적인 대상은 -то:
누군가 노크하고 있다. Кто-то стучит.
③ 화자가 모르고 있으며 구체적으로 정해지지 않은 대상은 -нибудь:
난 뭐든 좀 마실 걸 살 거야. Я куплю что-нибудь попить.

예제

1. 진실은 어딘가 곁에 있다.

- 옆에, 나란히 рядом
- 어딘가에 где-то

> Истина где-то рядом.

2. 제목에서 첫 글자가 어디론가 사라졌다.

- 제목, 표제 заголовок; заглавие
- 글자, 자모. буква
- 첫 번째의 первый
- 사라지다, 없어지다 исчезать/исчезнуть
- 어디론가 куда-то

> Из заголовка куда-то исчезла первая буква.

3. 그가 어디선가 돈을 구해왔으니 걱정하지 마세요.

- 돈 деньги[복]
- 얻다, 구하다 доставать/достать
- 걱정하다 беспокоиться/обеспокоиться о *ком-чём*
- 어디로부턴가 откуда-то

> Не беспокойтесь, он откуда-то достал денег.

러시아어 표현

> Он откуда-то узнал, что вам нужны работники.

09 식료품은 어디든 찬 곳에 보관해야 합니다.

어휘 및 표현

- 식료품 продукты[복]
- (넣어두는)장소, 방 помещение
- 보관하다 хранить[불완]

- ~해야 한다 *кто* должен(а,о,ы)+инф.; (*кому*)нужно/надо+инф.
- 차가운 холодный
- 어디든지 где-нибудь

해설

- 어디에서든지 где-нибудь
- 어디로든지 куда-нибудь
- 어디로부터든지 откуда-нибудь

예제

1. 어디든 멈춰서 식사를 합시다.
- 멈추다 останавливаться/остановиться
- 식사하다 обедать/пообедать; кушать/покушать; есть/поесть
- 어디에서든 где-нибудь

> Остановимся где-нибудь и пообедаем.

2. 다음 주에 어디든 다녀올 것을 권합니다.
- 권하다, 제안하다 предлагать/предложить
- 갔다 오다, 왕복하다 сходить[완](걸어서); съездить[완](타고)
- 다음 주에 следующая неделя > на следующей неделе
- 어디로든 куда-нибудь

> Предлагаю сходить куда-нибудь на следующей неделе.

3. 여기 어디서든 전화 좀 걸 수 있을까요?
- 전화를 걸다 звонить/позвонить
- 어디서든(어디로부터든지) откуда-нибудь

> Здесь можно откуда-нибудь позвонить?

러시아어 표현

Надо хранить продукты где-нибудь в холодном помещении.

10 | 더 좋은 포도주는 어디에서도 찾을 수 없을 겁니다.

어휘 및 표현

- 포도주 вино
- 찾아내다, 발견하다 находить/найти
- 더 좋은 хороший 〉 лучший
- 어디에서도(~않다) нигде

해설

어디에서도(~않다) нигде, 어디로도(~않다) никуда, 어디로부터도(~않다) ниоткуда.
접두사 ни는 의문사에 부가되어 부정문에 사용되면서 "전반적 부정"을 표현한다.

참고 ▶ 타동사가 부정되는 문장에서 그 동사의 목적어는 소유격이나 목적격으로 사용된다.
일반적으로는 소유격이 사용되며, 목적어가 특별히 구체적인 대상을 가리킬 때는 목적격도 가능하다.

그는 시간을 낭비하지 않는다. Он не теряет времени.
나는 이것을 알지 못한다. Я этого не знаю.
그는 한마디도 하지 않았다. Он не сказал ни слова.
cf.) 나는 그의 아내를 알지 못한다. Я не знаю его жену.

예제

1. 나는 너를 언제 어디서든 잊지 않을 거야.

- 잊다 забывать/забыть
- 결코, 언제라도(~않다) никогда
- 어디에도(~않다) нигде

> Я тебя никогда и нигде не забуду.

2. 나는 어디도 가지 않을 거야. 집이 더 좋아.

> Я никуда не поеду - дома лучше.

3. 어디에서도 소식이 없다.

- 소식 известие
- 어디로부터도(~않다) ниоткуда

> Ниоткуда нет известий.

러시아어 표현

Лучшего вина вы нигде не найдёте.

11 여기에는 밤을 보낼만한 곳이 없다.

어휘 및 표현

- 밤을 지내다, 묵다 переночёвывать/переночевать
- ~할 곳이 없다 (*кому*)негде+инф.

해설

- ~할 곳이 없다 негде
- 향할 곳이 없다 некуда
- 올 곳이 없다 неоткуда

이들은 무인칭문을 구성하는 술어부사로서 *кому* негде(; некуда; неоткуда)+инф. 구조를 갖는다.

예제

1. 그는 쉴 곳이 없다.

- 쉬다 отдыхать/отдохнуть
- ~할 곳이 없다 негде

> Ему негде отдохнуть.

2. 여기는 다닐만한 데가 전혀 없다.

- 다니다 ходить[다방향](걸어서); ездить[다방향](타고)
- 전혀 совсем; совершенно
- (향할)곳이 없다 некуда

> Тут совершенно некуда ходить.

3. 나는 도움 받을 곳이 아무데도 없다.

- 도움, 원조 помощь[여, 단]
- 받다 получать/получить
- (올)곳이 없다 неоткуда

> Мне неоткуда получить помощи.

러시아어 표현

> Тут негде переночевать.

12 택시운전사는 어린이 극장이 건설되고 있던 오른편으로 돌았다.

어휘 및 표현

- 운전사 водитель[남]; шофёр
- 어린이 극장 детский театр
- 건설하다 строить/построить
- 방향을 바꾸다 повёртывать/повернуть; свёртывать/свернуть

해설

'극장이 건설 중 이었다'는 불특정인칭문을 사용.

공간관계 표현의 복문에서는, 종속절에서의 기능에 따라 관계부사 где, куда, откуда가 접속어로서 사용된다.

예제

1. 아이들이 놀고 있는 곳으로부터 웃음소리가 들린다.
- 웃음소리 смех
- 놀다 играть/сыграть
- 들리다(소리) слышаться/услышаться

> Смех слышится оттуда, где играют дети.

2. 우리는 바로 당신이 가는 곳으로 갈 겁니다.

> Мы поедем туда, куда и вы.

3. 우리는 온 도시가 바라다 보이는 위로 뛰어올라갔다.
- 뛰어올라가다 взбегать/взбежать
- 보이다 видный 〉 виден
- 온, 모든 весь (вся, всё, все)

> Мы взбежали вверх, откуда виден весь город.

러시아어 표현

Шофёр такси повернул направо, где строили детский театр.

연습문제

01 하루 만에 왕복할 수 있을까요?

02 창가 오른편에다 자리를 잡으세요.

03 엘리베이터를 타고 밑으로 내려가실 수 있습니다.

04 그는 줄의 앞쪽에 서 있었다.

05 방은 안에서 잠겨있는 것 같다.

06 당신은 어디서든 이 말을 듣게 될 것입니다.

07 나는 친척들과 멀리 떨어져 살고 있다.

08 이 단어는 페이지 위쪽 어딘가에 있는 게 틀림없다.

09 어디든 학교 근처에서 만납시다.

10 당신이 어디서도 이것을 찾지 못할까봐 걱정입니다.

11 그는 비를 피할 곳이 없다.

12 우리는 우리 부모님이 살고 계신 곳으로 이사했다.

어휘 및 표현

01 갔다 오다(차로) съездить[완]   ~만에(기간) за *что*
   왕복의 туда и обратно; туда и назад

02 자리를 잡다 занимать/занять место   ~옆에 у *кого-чего*
   오른편에 справа

03 내려가다 спускаться/спуститься
   할 수 있다 *кто* может+инф.; (*кому*)можно+инф.
   엘리베이터로 на лифте, 아래로 вниз

04 서있다 стоять[불완]
   순번을 기다리고 있다, 줄서있다 стоять в очереди   앞에 впереди

05 잠겨져있다 запереть(잠그다) 〉 заперт(а,о,ы)
   ~인 듯하다 кажется[삽입어]   안으로부터 изнутри

06 듣다(들리다) слышать/услышать   어디서나 везде и всюду

07 친척 родные[복]   ~에서 멀리에 далеко(; вдали) от *чего*

08 ~임에 틀림없다 должен(а,о,ы)+инф.   위에 вверху
   페이지의 위쪽에 вверху страницы   어딘가에 где-то

09 만나다(서로) встречаться/встретиться
   ~합시다 давайте+инф.НСВ; давайте+буд.СВ
   ~의 부근에서 около *чего*   어디서든지 где-нибудь

10 찾아내다, 발견하다 находить/найти
   걱정, 염려하다 бояться[불완] *кого-чего*   어디서도(~않다) нигде

11 비 дождь[남]
   (~로부터)몸을 피하다, 숨다 укрываться/укрыться; прятаться/спрятаться от *чего*
   ~할 곳이 없다 (*кому*)негде+инф.

12 이사하다 переезжать/переехать

유머 한마디

Шофёр открыл глаза в больнице.
Он внимательно смотрит на своего соседа и спрашивает:
-Скажите, мы уже где-то встречались?
-А как же! Поэтому мы здесь и лежим.

02 장소와 방향의 표현 2

어디에서
어디로
어디로부터

전치사구

у кого(где)?	к кому(куда)?	от кого(откуда)?
в	в	из
на	на	с
у	к	от
под	под	из-под
за	за	из-за
около, вокруг, напротив, посреди, вне мимо, вдоль по через, сквозь над, перед, между, рядом с при	(от~)до	

제 2 과에서는 "공간적 관계"를 표현하는 전치사의 사용을 공부할 것이다. 위의 표로 알 수 있듯 "공간적 관계"는 행위가 일어나는 장소(어디에서)와 움직임의 목적지(어디로), 움직임의 출발지(어디로부터)로 나누어볼 수 있다.

01 아이들은 숲을 산책했다. 그리고 숲에서 딸기를 많이 가지고 왔다.

어휘 및 표현

- 숲 лес
- 숲에서 в лесу
- 딸기 ягода(딸기류의 과실); земляника; клубника; ежевика(검정딸기)
- 가지고 오다 приносить/принести(휴대하여); привозить/привезти(수레 등으로)
- 많이 много *кого-чего*
- ~(속)에서 в *чём*
- ~(속)으로부터 из *чего*

해설

- ~(속)에 в *чём*
- ~(속)으로 во *что*
- ~(속)으로부터 из *чего*
- 모든 방문객들이 한 방에 모였다. Все посетители собрались в одной комнате.
- 그가 방안으로 뛰어 들어갔다. Он вбежал в комнату.
- 그는 지금 막 방에서 나갔다. Он только что вышел из комнаты.

예제

1. 당신 양복은 장롱 안에 있어요.
- 양복 костюм
- 장롱 (платяной) шкаф
- 장롱 안에 в шкафу

> Ваш костюм в шкафу.

2. 가는 도중에 난 잠시 상점에 들렀다.
- (잠시)들르다 заходить/зайти(걸어서); заезжать/заехать(차로)
- 도중에 по пути; по дороге

> По пути я заехал в магазин.

3. 그녀는 모스크바에서 어제 도착했다.

- 도착하다(차로) приезжать/приехать

> Она вчера приехала из Москвы.

러시아어 표현

> Дети гуляли в лесу. И принесли из леса много ягод.

02 등산가들은 산 정상에 올랐다.

어휘 및 표현

- 등산가 альпинист
- 꼭대기, 정상 вершина; верх
- 오르다, 올라가다 подниматься/подняться
- ~(표면)으로 на *что*

해설

- ~(표면)에 на *чём*
- ~(표면)으로 на *что*
- ~(표면)으로부터 с *чего*
- 그림은 벽에 걸려있었다. Картина висела на стене.
- 나는 벽에 그림을 걸었다. Я повесил картину на стену.
- 소년이 벽에서 그림을 떼어냈다. Мальчик снял картину со стены.

참고▶ 행위의 장소('~에')와 방향('~로') 표현에 가장 많이 사용되는 전치사는 в와 на이며, 선택은 함께 오는 명사에 의한다.

나는 모스크바 체홉거리에 산다. Я живу в Москве на улице Чехова.
그는 대학 3학년에 재학 중이다. Он учится в университете на третьем курсе.
우리는 박물관 전시회에 갔었다. Мы были в музее на выставке.
그는 은행에서, 그의 아내는 우체국에서 일한다.
Он работает в банке, а его жена - на почте.
매우 많은 유용한 자원을 러시아 우랄지방에서 얻는다.
Очень много полезных ископаемых добывают в России на Урале.

예제

1. 거리에서 새 레스토랑의 광고지를 나누어준다.

- 팜플렛, 소책자 брошюра
- 분배, 배포하다 раздавать/раздать
- 광고의, 선전의 реклама 〉 рекламный

> На улице раздают рекламные брошюры нового ресторана.

2. 연필이 마루위로 떨어졌다.

- 연필 карандаш
- 마루 пол
- 떨어지다 падать/пасть(; упасть)

> Карандаш упал на пол.

3. 이 상자 좀 선반에서 내려주시겠어요?

- 선반 полка
- 상자 коробка
- 떼어내다, 떼어 내리다 снимать/снять
- ~해 주세요(요청) вы не можете+инф.?; вы не могли бы+инф.?

> Вы не могли бы снять с полки эту коробку?

러시아어 표현

Альпинисты поднялись на вершину горы.

03 배가 기슭으로부터 바다를 향해 나아간다.

어휘 및 표현

- 배 лодка(작은 배, 보트); корабль[남](선박); судно(선박)
- 기슭 берег
- 헤엄치다, 항해하다 плыть[일방향]
- ~(곁)으로부터 от *чего*
- ~쪽으로 к *чему*

해설

- ~곁에 у *чего*
- ~쪽으로 к *чему*
- ~(곁)으로부터 от *чего*
- 자동차는 집 쪽으로 다가가 문 옆에 멈춰 섰다가는 집으로부터 멀리 떠나갔다.
  Автомобиль подъехал к дому, остановился у ворот и отъехал от дома.

예제

1. 입구 옆에서 기다리고 있겠습니다.
- 입구 вход; въезд(자동차의)
- 기다리다 ждать/подождать
- ~곁에서 у *чего*

> Я буду ждать вас у входа.

2. 학생은 칠판 쪽으로 다가갔다.
- 칠판 доска
- 학생 ученик; школьник(초, 중등학교의); студент(대학교의)
- 다가가다, 접근하다 подходить/подойти
- ~쪽으로 к *чему*

> Ученик подошёл к доске.

3. 간호사는 환자 곁을 떠나지 않고 있었다.

- 간호사 медсестра
- 환자 больной[명]
- 물러서다, 떠나다 отходить/отойти
- ~(곁)으로부터 от *чего*

> Медсестра не отходила от больного.

러시아어 표현

> Лодка плывёт от берега к морю.

04 | 우리는 한 시간 내내 빗속에 서있어야 했다.

어휘 및 표현

- (얼마동안)계속해서 서있다 простаивать/простоять
- 해야 한다(원하지 않더라도) (*кому*)приходиться/прийтись+инф.
- 한 시간 내내 целый час
- 빗속에 под дождём

해설

- ~의 밑에, 아래에 под *чем*
- ~의 아래로 подо *что*
- ~의 밑으로부터 из-под *чего*
- 강아지가 탁자 밑에 앉아있다. Щенок сидит под столом.
- 신문이 탁자 밑으로 떨어졌다. Газета упала под стол.
- 고양이가 탁자 밑에서 기어 나왔다. Кошка вылезла из-под стола.

예제

1. 우리는 나무 밑에서 쉬고 있었다.
- 나무 дерево
- 쉬다 отдыхать/отдохнуть
- ~의 밑에서 под чем

> Мы отдыхали под деревом.

2. 외투 속에 스웨터를 입으세요.
- 외투 пальто
- 스웨터 свитер
- 입다, 몸에 걸치다 надевать/надеть
- ~아래로 подо что

> Наденьте свитер под пальто.

3. 쥐가 소파 밑에서 뛰쳐나왔다.
- 쥐 мышь[여]
- 소파 диван
- 뛰어나오다 выбегать/выбежать
- ~밑으로부터 из-под чего

> Мышь выбежала из-под дивана.

러시아어 표현

Нам пришлось простоять целый час под дождём.

태양이 먹구름 뒤에서 모습을 나타냈다.

어휘 및 표현

- 먹구름 туча
- 태양 солнце
- 나타나다, 모습을 보이다 появляться/появиться; показываться/показаться
- ~의 뒤로부터 из-за чего

해설

- ~의 뒤에 за *чем*
- ~의 뒤로 за *что*
- ~의 뒤로부터 из-за *чего*
- 약국은 모퉁이 뒤에 있다. Аптека находится за углом.
- 차가 모퉁이 뒤로 돌았다. Автомобиль повернул за угол.
- 그녀가 모퉁이 뒤에서 얼굴을 내밀었다. Она выглянула из-за угла.

예제

1. 경기장은 교외에 멀리 위치해있다.
- 경기장 стадион
- 위치하다 находиться[불완]
- 멀리에 далеко, вдали
- 교외에, 시외에 за городом

Стадион находится далеко за городом.

2. 식사가 준비됐어요, 식탁으로 앉으세요.
- 식사 обед
- 앉다 садиться/сесть
- 식탁으로 앉다 сесть за стол
- 준비된 готовый

Обед готов, садитесь за стол!

3. 해외에서 휴대폰에 전화하려면 어떻게 하죠?
- 휴대폰 мобильник
- 해외로부터 из-за границы(; рубежа)

Как позвонить на мобильник из-за границы?

러시아어 표현

Солнце появилось из-за тучи.

06 | 우리는 집 주위를 한참이나 서성이면서 들어갈 결심을 하지 못하고 있었다.

어휘 및 표현

- 왔다 갔다 하다, 걸어 다니다 ходить[다방향]
- 들어가다(걸어서) входить/войти
- ~하기로 결심하다(결연한 각오로) решаться/решиться+инф.
- 오랜 동안 долго
- ~주위에 вокруг *чего*

해설

- ~곁에, 부근에 около *чего*
- ~주위에 вокруг *чего*
- ~한가운데에 посреди *чего*
- ~맞은편에 напротив *чего*
- ~밖에 вне *чего*

예제

1. 여기, 제 곁에 앉으세요.

- 앉다 садиться/сесть
- ~곁에 около *кого-чего*

> Сядьте тут, около меня.

2. 호수 주위에 나무들이 자란다.

- 호수 озеро
- 나무들 дерево 〉 деревья
- 자라다 расти[불완]; вырастать/вырасти
- ~주위에 вокруг *чего*

> Вокруг озера растут деревья.

3. 왜 도로 한가운데서 멈추셨어요?

- 멈추다 останавливаться/остановиться
- 왜 почему?; отчего?; зачем?; что?
- ~한가운데에 посреди *чего*

> Почему вы остановились посреди дороги?

4. 그의 방은 내 방 맞은편에 있다.

- ~맞은편에 напротив *чего*

> Его комната напротив моей.

5. 대부분의 시간을 그는 집 밖에서 보낸다.

- 대부분 большая часть
- (시간을)보내다 проводить/провести
- ~밖에서 вне *чего*

> Большую часть времени он проводит вне дома.

러시아어 표현

> Мы долго ходили вокруг дома и не решались войти.

07 강을 따라 오솔길로 가세요.

어휘 및 표현

- 오솔길 тропинка; тропа
- 오솔길로(표면) по тропинке
- 강을 따라(나란히) вдоль реки

해설

- ~곁을 지나 мимо *чего*
- ~을 따라(나란히) вдоль *чего*
- ~을 따라(표면을 따른 움직임) по *чему*

мимо, вдоль, по는 동작동사와 함께 쓰이며, "어디에(где)?"에 대한 답이 된다.

예제

1. 어떻게 저희 집 옆을 지나면서 저희한테 들르지도 않으셨어요?

- 들르다 заходить/зайти
- 지나가다 проходить/пройти
- ~곁을 지나 мимо *чего*

> Как это вы прошли мимо нашего дома и даже не зашли к нам?

2. 거리를 따라 꽃이 심어져있다.

- 거리 улица
- 꽃 цветок; цветы(복)
- 심어진 сажать/посадить(심다) >посаженный
- ~을 따라(나란히) вдоль *чего*

> Вдоль улицы посажены цветы.

3. 이 길은 천천히 운전해가야 한다.

- 길 дорога; путь[남]
- 해야 한다 нужно(; надо)+инф.
- 천천히 медленно
- ~을 따라(표면) по *чему*

> По этой дороге нужно ехать медленно.

러시아어 표현

Идите по тропинке, вдоль реки.

08 도둑은 창문을 통해 기어들었다.

어휘 및 표현

- 도둑 вор
- 기어 들어가다 влезать/влезть
- ~을 통하여, 가로질러 через *что*

해설

- ~을 통하여, 가로질러 через *что*
- ~을 뚫고, 관통하여 сквозь *что*

예제

1. 우리는 공원 전체를 가로질러 갔다.

- 공원 парк
- 지나가다, 통과하다 проходить/пройти
- 모든, 전부의 весь
- ~을 가로질러 через *что*

> Мы прошли через весь парк.

2. 좀 더 조심해서 길을 건너세요.

- 건너다 переходить/перейти
- 조금 더 신중하게 осторожно 〉 поосторожнее

> Переходите через дорогу поосторожнее.

3. 나는 군중을 뚫고 겨우 빠져 나왔다.

- 군중 толпа
- 헤치고(뚫고) 지나가다 протискаться/протиснуться

- 밖으로 наружу
- 겨우 еле; еле-еле; едва
- ~을 뚫고 сквозь *что*

> Я еле протиснулся сквозь толпу наружу.

러시아어 표현

> Воры влезли через окно.

09 나는 두 역 사이 어디에선가 가방을 분실했다.

어휘 및 표현

- 가방 чемодан(트렁크); сумка(손가방); портфель[남](서류가방)
- 역 станция(지하철의); вокзал(큰)
- 잃다, 분실하다 терять/потерять
- 어디에선가 где-то
- ~사이에 между *чем*

해설

- ~의 위에(공간을 두고) над *чем*
- ~의 앞에 перед *чем*
- ~사이에 между *чем*
- ~옆에, 나란히 рядом с *чем*

예제

1. 지평선 위 하늘이 오렌지 빛 붉은 색으로 물든다.

- 지평선 горизонт
- 하늘 небо
- 색, 색채 цвет
- 물들다, 채색되다 окрашиваться/окраситься

- 오렌지색의 оранжевый
- 불그스름한, 붉은색을 띤 красный 〉 красноватый
- ~위에(공간을 두고) над чем

> Небо над горизонтом окрашивается в оранжево-красноватый цвет.

2. 여자들은 자주 거울 앞에서 머리를 가다듬는다.
- 거울 зеркало
- 머리칼, 모발 волосы[복]
- (흐트러진 머리칼을)고치다, 바르게 하다 поправлять/поправить
- ~의 앞에 перед чем

> Женщины часто поправляют волосы перед зеркалом.

3. 길은 강과 산 사이로 나있었다.
- 강 река
- 산 гора
- (길이)나있다, 통하다 идти[불완]
- ~사이에 между чем

> Дорога шла между рекой и горами.

4. 버스정류장은 지하철역과 나란히 있다.
- 정류장(버스, 전차 등) остановка
- 지하철역 станция метро
- 나란히 рядом с чем

> Остановка автобуса рядом с метро.

러시아어 표현

Я потерял чемодан где-то между двумя станциями.

10　집에는 자그마한 텃밭이 딸려있었다.

어휘 및 표현

- 텃밭, 채소밭 огород
- 있다, 존재하다 иметься; есть(быть)
- 작은 небольшой('크지 않은'); малый; маленький
- ~에 부속하여 при *чём*

해설

- ~근처에, ~에 부속하여 при *чём*

예제

1. 입구에 검표원이 서 있다.
- 입구 вход
- 검표원 билетёр
- 서있다 стоять[불완]
- ~근처에 при *чём*

> При входе стоит билетёр.

2. 그는 의과대학 부속병원에서 일한다.
- 의과대학 медицинский институт
- 병원(대학 부속의) клиника
- ~부속의 при *чём*

> Он работает в клинике при медицинском институте.

러시아어 표현

При доме имелся небольшой огород.

11 | 숲에서 역까지의 거리를 우리는 걸어서 갔다.

어휘 및 표현

- 거리 расстояние
- (얼마의 거리를)가다 проходить/пройти
- 걸어서 пешком
- ~에서 ~까지(거리) от *чего* до *чего*

해설

- ~까지 до *чего*
- ~에서 ~까지(거리) от *чего* до *чего*

예제

1. 우리는 오늘 30분 만에 연구소에 도착했다.

- 연구소 институт
- (~까지)타고 가다 доезжать/доехать до *чего*
- ~만에(행위 수행에 걸린 시간) за *что*
- ~까지 до *чего*

> Сегодня мы доехали до института за 30 минут.

러시아어 표현

Расстояние от леса до станции мы прошли пешком.

연습문제

01 그녀는 호주머니에서 손수건을 꺼냈다.

02 나무에서 마지막 남은 누런 잎들이 떨어진다.

03 강력한 태풍이 캄차카 해안으로 접근했다.

04 가방은 침대 밑으로 놓아야 할 거야.

05 내가 그 사람 뒤에 서있었지만 그는 내가 있는 것을 알아채지 못했다.

06 대사관 건물 맞은편에 도로작업이 시작되었다.

07 그 곳은 기선이나 또는 철도로 갈 수 있다.

08 인터넷을 통해 무료로 전화거는 것이 가능합니까?

09 집 앞에는 누군가의 자동차가 서 있었다.

10 우리는 공장에 탁아소를 설립했다.

11 볼가강의 길이는 모스크바에서 북극까지의 거리와 거의 같다.

어휘 및 표현

01 호주머니 карман   손수건 платок   꺼내다 вынимать/вынуть
~(속)으로부터 из *чего*

02 나무 дерево(복 деревья)   나뭇잎 лист(복 листья)
떨어지다 падать/пасть(; упасть)   누런, 노란 жёлтый
최후의, 마지막의 последний   ~(표면)으로부터 с *чего*

03 태풍 тайфун; циклон   캄차카반도 Камчатка
해안, 기슭 берег; побережье   다가가다, 접근하다 подходить/подойти
강력한 мощный; сильный   ~쪽으로 к *чему*

04 가방 чемодан   침대 кровать[여]   세워놓다 ставить/поставить
해야 한다 (*кому*)приходиться/прийтись+инф.   ~밑으로 подо *что*

05 서있다 стоять[불완]   알아채다, 깨닫다 замечать/заметить   ~뒤에 за *чем*

06 대사관 посольство   건물 здание; дом   작업 работа
시작되다 начинаться/начаться   도로의 дорога 〉 дорожный
~의 맞은편에 напротив *чего*

07 기선 пароход   기선으로 пароходом; на пароходе
그곳으로 туда   철도로(철길을 따라) по железной дороге

08 인터넷 интернет   전화 걸다 звонить/позвонить (по телефону)
무료로 бесплатно   ~을 통하여 через *что*

09 자동차 машина; автомобиль[남]   누군가의 чей-то   ~앞에 перед *чем*

10 공장 фабрика; завод   탁아소 ясли[남,복]   ~에 부속하여 при *чём*
설립하다 основывать/основать; учреждать/учредить; создавать/создать

11 길이 длина   북극 Северный полюс   거리 расстояние
서로 같은, 동등의 равный   거의 почти   ~에서 ~까지 от *чего* до *чего*

유머 한마디

На вокзале:
- Сколько ехать от Петербурга до Москвы?
- Восемь часов.
- А от Москвы до Петербурга?
- Тоже 8 часов, разве это не то же самое?
- Конечно, не то же самое. От Рождества до Пасхи четыре месяца, а от Пасхи до Рождества-восемь месяцев!

03 원인과 결과 표현

왜냐하면
그런 까닭에

потому что	왜냐하면 …이기 때문이다
так как(; поскольку)	~이기 때문에
из-за *чего*	~탓으로(강풍 탓에)
благодаря *чему*	~덕분에(도움 덕택에)
из *чего*	~한 마음에서(걱정되어)
от *чего*	~로 인해(흥분해서)
за *что*	~을 이유로(용기에)
поэтому	그런 까닭에, 그래서
так что	그렇기 때문에, 따라서

'왜냐하면'을 뜻하는 원인 표현에는 접속어 потому что와 так как이, '그런 까닭에, 그렇기 때문에'를 뜻하는 결과 표현에는 접속어 поэтому와 так что가 사용된다. 한편 '~때문에'의 표현에 여러 전치사들이 사용되는데 그 뉘앙스는 각기 다르다.

01 그는 돈이 필요했기 때문에 자신의 차를 팔았다.

어휘 및 표현

- 돈 деньги[복]
- 자동차 машина; автомобиль[남]
- 필요하다(대상) нужный 〉 нужен(а,о,ы) *что*
- 팔다 продавать/продать
- ~이기 때문에, 왜냐하면 потому что; так как; поскольку

해설

потому что('왜냐하면')가 이끄는 원인 표현의 종속절은 항상 주절 뒤에 온다.

예제

1. 나는 감기에 걸렸기 때문에 학교에 가지 않을 거야.
- 학교 школа
- 감기에 걸리다 простужаться/простудиться

> Я не пойду в школу, потому что простудился.

2. 우리는 표를 구할 수 없었기 때문에 소극장에 가지 못했다.
- 표 билет
- 극장(연극상연을 위한) театр
- ~할 수 있다 мочь/смочь+инф.
- 얻다, 구하다 доставать/достать; брать/взять
- ~에 가게 되다 попадать/попасть во *что*(구어)

> Мы не попали в театр, потому что не смогли достать билетов.

러시아어 표현

Он продал свою машину, потому что ему нужны были деньги.

02 길이 공사 중이었기 때문에 우리는 우회해야만했다.

어휘 및 표현

- 길, 도로 дорога; путь[남]
- 수리하다 чинить/починить; ремонтировать/отремонтировать
- 우회하다 делать/сделать круг; объезжать/объехать
- ~해야만 한다(원하지 않더라도) (кому)приходиться/прийтись+инф.

해설

'길이 수리 중이었다'는 행위자에게는 관심을 돌리지 않고 행위에만 주의가 집중되는 불특정인칭문을 사용한다(='길을 수리하고 있었다'). 따라서 주어를 생략하고 동사 3인칭 복수형을 사용한다.

так как('~이기 때문에')은 потому что보다 문어체적인 표현이다. так как이 이끄는 원인 표현의 종속절은 주절의 앞이나 뒤에 올 수 있다.

러시아어 표현

Нам пришлось сделать круг, так как дорогу чинили.

03 산맥이 매우 높아서 그 정상에는 여름에조차 흰 눈이 있다.

어휘 및 표현

- 산맥, 산지 гора 〉 горы[복]
- 눈 снег
- 높은 высокий
- ~조차 даже
- 정상 вершина; верх; пик
- 놓여있다 лежать[불완]
- 여름에 лето 〉 летом

러시아어 표현

Так как горы очень высокие, то на их вершинах даже летом лежит снег.

04 나무가 강풍으로 쓰러졌다.

어휘 및 표현

- 강풍 сильный ветер; буря(폭풍)
- 쓰러지다 падать/упасть, сваливаться/свалиться
- ~탓에, ~때문에 из-за *кого-чего*

해설

전치사 из-за는 "부정적인 결과를 초래한 원인('~탓으로')" 표현에 쓰인다. 우리말 '강풍으로'를 러시아어로 옮길 때는 '강풍 탓에'라는 의미를 가진 из-за 외에도 '강풍으로 인해 자동적으로'의 의미를 가진 от를 사용할 수 있다.

예제

1. 나는 날씨가 나빠서 여행을 연기했다.

- 여행 путешествие; поездка
- 날씨 погода
- 연기하다 откладывать/отложить
- 나쁜 плохой; дурной

> Я отложил свою поездку из-за плохой погоды.

2. 교통체증으로 나는 어렵게 학교까지 갔다.

- 교통 혼잡, 정체 пробка; затор
- (어느 장소에) 힘겹게 도달하다 добираться/добраться до *чего*

- 애써, 힘들여 с трудом

> Из-за пробок я с трудом добрался до университета.

러시아어 표현

Дерево упало из-за сильного ветра.

05 나는 출장을 떠나는 바람에 약속을 지킬 수가 없었다.

어휘 및 표현

- 출장 командировка
- 출장 떠나다 уезжать/уехать в командировку
- 약속 слово; обещание
- 약속을 지키다 сдерживать/сдержать обещание
- ~할 수 있다 мочь/смочь+инф.

해설

из-за 뒤에 절이 와서 복문을 만들 때는 из-за того, что('~가 …한 탓에') 구문을 사용한다.

러시아어 표현

Я не смог сдержать обещание из-за того, что уезжал в командировку.

06 | 그의 도움 덕택으로 나는 시험에 합격했다.

어휘 및 표현

- 도움 помощь[여]
- 시험에 합격하다 сдать[완] экзамен; выдержать[완] экзамен(불완료상 동사 сдавать экзамен이나 держать экзамен은 '시험을 보다, 치르다'를 의미함.)
- ~덕분에 благодаря кому-чему

해설

전치사 благодаря는 "바람직한 결과를 가져온 원인('~덕분에')" 표현에 쓰인다.

예제

1. 경험과 학식 덕분에 그는 일을 잘 한다.
   - 경험 опыт
   - 학식, 지식 знание
   - ~덕분에 благодаря кому-чему

   Благодаря опыту и знаниям, он работает хорошо.

러시아어 표현

Благодаря его помощи я сдал экзамен.

07 그는 부단히 연습한 덕분에 1위를 차지했다.

어휘 및 표현

- 1위 первое место
- 1위를 차지하다 занимать/занять первое место
- 연습하다 тренироваться/натренироваться; упражняться[불완] в-на *чём*
- 부단한, 불굴의 упорный

해설

благодаря 뒤에 절이 와서 복문을 만들 때는 благодаря тому, что('~가 …한 덕분에') 구문을 사용한다.

러시아어 표현

Он занял первое место благодаря тому, что он упорно тренировался.

08 우리는 기차시간에 늦을까 걱정되어 아주 일찍 역에 도착했다.

어휘 및 표현

- 두려움, 걱정 боязнь[여]
- 역 вокзал(큰 역); станция(지하철이나 작은 철도의 역)
- 도착하다(차로) приезжать/приехать
- 늦다, 지각하다 опаздывать/опоздать
- 일찍 рано
- ~한 마음에서, ~때문에 из *чего*

3. 원인과 결과 표현 | 51

해설

전치사 из는 "의식적인 행위에 대한 이유('~한 마음에서')"를 표현하며, 주로 감정이나 성격을 의미하는 명사와 쓰인다.

예제

1. 그녀는 질투심으로 그를 죽였다.
- 질투심 ревность[여]
- 죽이다 убивать/убить
- ~한 마음에서, ~때문에 из *чего*

> Она убила его из ревности.

러시아어 표현

> Мы приехали на вокзал очень рано из боязни опоздать на поезд.

09 그는 흥분해서 한마디도 할 수가 없었다.

어휘 및 표현

- 흥분, 동요 волнение
- ~도(…않다) ни (ни는 부정문에서 부정의 뜻을 강조하는 소사로서, 함께 오는 명사는 소유격으로 쓰인다)   • 한마디도 ни слова
- ~로 인해, ~때문에 от *чего*

해설

전치사 от는 주로 "의지와 관계없이 거의 반사적으로 일어나는 행위의 원인('~로 인해')"을 나타낸다. 또한 구어체에서는 от와 동일한 의미로 전치사 с가 사용되기도 한다.

예제

1. 양 볼이 더위로 인해 빨개졌다.

- 양 볼 щека 〉 щёки
- 더위(무더위) жара; зной
- 붉어지다 краснеть/покраснеть
- ~로 인해 от *чего*

> Щёки покраснели от жары.

2. 강아지가 추위에 떤다.

- 강아지 щенок
- 추위 холод; мороз
- 떨다 дрожать/дрогнуть

> Щенок дрожит от холода.

3. 나는 분해서 하마터면 울 뻔했다.

- 분, 울화 досада
- 울음을 터뜨리다 плакать 〉 заплакать[완]
- 하마터면, 거의 чуть не

> Я чуть не заплакал с досады.

러시아어 표현

От волнения он не мог сказать ни слова.

10 나는 이 사람의 용기를 존경한다.

어휘 및 표현

- 용기 смелость[여]; храбрость[여]; мужество
- 존경하다 уважать[불완] *кого*
- ~을 이유로, ~ 때문에 за *что*

해설

전치사 за는 "대상에 대한 태도나 관계의 이유('~을 이유로' …하다)"를 표현한다.

예제

1. 도와주셔서 고맙습니다.

- 도움 помощь[여]
- ~을 이유로(…하다) за *что*

> Спасибо (вам) за помощь.

2. 꽃 감사합니다.

- 꽃 цветок; цветы[복]
- 감사하다 благодарить/поблагодарить *кого*

> Благодарю (вас) за цветы.

3. 그는 선량하기 때문에 모두의 사랑을 받는다.

- 선량함, 친절함 доброта
- 사랑하다, 좋아하다 любить[불완] *кого*

> Его все любят за его доброту.

러시아어 표현

Я уважаю этого человека за смелость.

11. 휘발유가 떨어져서 차에 연료를 공급해야한다.

어휘 및 표현

- 휘발유 бензин
- 떨어지다(고갈) кончаться/кончиться; истощаться/истощиться
- (연료를)공급하다 заправлять/заправить
- 그런 까닭에, 그렇기 때문에 поэтому; так что

해설

поэтому; так что('그런 까닭에, 그렇기 때문에')가 이끄는 결과를 표현하는 종속절은 항상 주절 뒤에 온다.

예제

1. 오늘 우리 집에 손님들이 오실 테니 미리 저녁을 준비하도록 해.

- 손님 гость[남]
- 저녁식사 ужин
- 준비하다, 마련하다 готовить/приготовить
- 미리 заранее; предварительно

> Сегодня у нас будут гости, поэтому приготовь ужин заранее.

2. 나는 길을 잃었고 그래서 지각했다.

- 길을 잃다 заблудиться[완]

> Я заблудился и поэтому опоздал.

러시아어 표현

У меня кончился бензин, поэтому надо заправить машину.

12 | 이건 아주 중요하니까 잊지 않도록 노력하세요.

어휘 및 표현

- 잊다 забывать/забыть
- 노력하다 стараться/постараться
- 중요한 важный

러시아어 표현

Это очень важно, поэтому постарайтесь не забыть.

13 | 그가 모든 걸 말했기 때문에 내가 덧붙일 게 아무 것도 없다.

어휘 및 표현

- 모든 것 всё
- 말하다 говорить/сказать
- 보태다, 추가하다 добавлять/добавить
- 아무 것도 없다 ничего нет; (*кому*)нечего

러시아어 표현

Он сказал всё, так что мне добавить нечего.

연습문제

01 나는 웃긴 일화가 생각나서 웃는 거야.

02 그들은 너무 피곤했기 때문에 모두 금방 잠들어버렸다.

03 소음 때문에 나는 그의 말을 알아들을 수 없었다.

04 발전소에서의 사고 때문에 전기가 차단되었다.

05 당신이 개입한 덕분에 이 일은 싸움까지 가지 않았습니다.

06 그녀는 고집이 세서 실수를 인정하려하지 않는다.

07 나는 호기심에서 친구의 일에 관심을 가졌다.

08 공포 때문에 그는 마치 미치광이처럼 소리 질렀다.

09 사람들은 기뻐서 웃기도 하고 울기도 한다.

10 무슨 이유로 그가 너희들에게 화를 냈지?

11 연주회가 정확히 9시에 시작되니 9시 15분전에 그곳으로 오세요.

12 지금은 휴가철이어서 표를 미리 구입하는 것이 더 좋습니다.

13 제 생각에 이 표들은 또 쓸모가 있을 테니 내버리지 마세요.

어휘 및 표현

01   일화, 우스운 이야기 анекдот   웃다 смеяться   ~이기 때문에 потому что; так как
      회상하다, 생각해내다 вспоминать/вспомнить   우스운 смешной

02   지치다, 피로해지다 уставать/устать   잠들다 засыпать/заснуть   빠른 быстрый

03   소음 шум   말, 언어 слово; речь[여]   ~탓에 из-за чего
      분별하다, 식별하다 разбирать/разобрать; расслышать[완](분간하여 듣다)

04   발전소 электростанция; электроцентраль[여]   전기 электричество
      사고 авария; катастрофа(재난, 참사)
      (전류나 가스가)끊기다 выключаться/выключиться

05   개입, 간섭 вмешательство   일, 사건 дело; событие   싸움, 다툼 ссора
      ~에 이르다, 도달하다 доходить/дойти до кого-чего   ~덕분에 благодаря чему

06   고집 упрямство   실수 ошибка   인정하다 признавать/признать
      원하다 хотеть/захотеть   ~한 마음에서, ~때문에 из чего

07   호기심 любопытство   관심을 갖다 интересоваться/поинтересоваться кем-чем

08   공포 страх   미치광이 сумашедший[명]   ~로 인해 от чего
      비명을 지르다, 큰소리를 지르다 закричать[완]   마치 ~인 듯 будто; словно

09   기쁨 радость[여]   사람들 люди[복]   웃다 смеяться[불완]
      울다 плакать[불완]   ~든지 ~든지 либо; или

10   화내다 сердиться/рассердиться на кого-что   무슨 이유로 за что

11   연주회 концерт   15분전 9시 без пятнадцати девять; без четверти девять
      시작되다 начинаться/начаться   정확히 ровно
      그런 까닭에, 그렇기 때문에 поэтому; так что

12   휴가 отпуск   휴가철 время отпусков   사다 покупать/купить
      더욱 좋다 хорошо > лучше   사전에, 미리 заранее; заблаговременно

13   유용하다, 쓸모가 있다 пригодиться[완]   내 생각에는 по-моему; я думаю, что
      내버리다 выбрасывать/выбросить; выкидывать/выкинуть

유머 한마디

*Учитель физики: - Почему мы сначала видим молнию,
а потом слышим гром?
Вовочка:
- Потому что глаза находятся впереди ушей.*

04 시간의 표현 1

언제
얼마나 자주
얼마동안

부사구

Когда?	сегодня; сейчас; завтра; когда-нибудь вчера; накануне; давно; однажды; когда-то утром; днём; вечером; ночью весной; летом; осенью; зимой раньше; теперь, сначала; потом
Как часто?	всегда; часто; иногда; редко; никогда ежедневно; еженедельно
Как долго?	долго; недолго

여기에서 "시간의 표현"이란 행위가 발생한 시각(언제)과 행위의 발생빈도(얼마나 자주), 그리고 행위 지속의 시간(얼마동안) 등을 포함하는 포괄적인 개념을 뜻한다. 시간 표현에는 시간부사나 해당 전치사가 사용되는데, 제 4 과에서는 먼저 시간부사의 사용을 공부할 것이다.

01 이처럼 높은 탑은 난 오늘 처음으로 보았다.

어휘 및 표현

- 탑, 망루 башня; вышка
- 보다(보이다) видеть/увидеть
- 높은 высокий
- 처음으로 впервые; в первый раз
- ~와 같은 그러한… такой …, как~
- 오늘 сегодня

해설

- 오늘 сегодня
- 지금 сейчас; теперь
- 내일 завтра
- 언젠가 когда-нибудь(주로 미래 의미)

예제

1. 오늘 모스크바의 낮 최고기온은 영상 14도였다.

- 온도 температура
- 기온 температура воздуха
- 최고의, 최대한의 максимальный
- 한낮의, 낮 동안의 день 〉 дневной

> Максимальная дневная температура воздуха в Москве сегодня была +14.

2. 제가 지금은 바쁘니 내일 오십시오.

- 오다 приходить/прийти(걸어서); приезжать/приехать(차로)
- 바쁜, 일하고 있는 занятый(занят)

- 지금 сейчас; теперь

> Я сейчас занят, приходите завтра.

3. 이 일은 바로 지금 하지 않으면 안 된다.
    - 하다 делать/сделать
    - ~해야 한다 нужно(; надо)+инф.
    - 바로 지금 теперь же; сейчас

> Это надо сделать теперь же.

4. 내일 만나서 얘기합시다.
    - 서로 이야기하다, 대화하다 поговорить[완]; разговаривать[불완]
    - ~합시다 (давайте)+буд.СВ; давайте+инф.НСВ

> Завтра встретимся и поговорим.

5. 당신도 언젠가는 이를 알게 될 겁니다.
    - 알다(알게 되다) узнавать/узнать
    - 언젠가는 когда-нибудь

> Вы это когда-нибудь узнаете.

러시아어 표현

Такую высокую башню, как эта, я сегодня увидел впервые.

02 | 어제 그는 아주 늦게 잠자리에 들었다.

어휘 및 표현

- 잠자리에 들다 ложиться/лечь спать
- 늦게 поздно(↔рано 일찍)
- 어제 вчера

해설

- 어제 вчера
- 전날에 накануне
- 오래 전에 давно
- 언젠가, 한 번은(과거) однажды; когда-то

рано('일찍')와 поздно('늦게') 역시 시간을 표현하는 부사이다.

- 우리는 너무 일찍 역에 도착했다. Мы пришли на вокзал слишком рано.
- 하지 않는 것보다는 늦게라도 하는 게 낫다. Лучше поздно, чем никогда.

예제

1. 나는 어제가 생일이었다.

- 생일 день рождения

> У меня вчера был день рождения.

2. 전날에도 그는 아주 건강해 보였다.

- ~로 보이다, 여겨지다 казаться/показаться *кем-чем*
- 건강한 здоровый(здоров)
- 완전히 совсем
- 전날에 накануне

> Ещё накануне он казался совсем здоровым.

3. 상품의 유효기간이 오래 전에 끝났다.

- 기한, 기간 срок
- 유효, 적합한 것 годный 〉 годность[여]
- 끝나다, 완성되다 заканчиваться/закончиться; оканчиваться/окончиться
- 오래 전에 давно

> Срок годности товара закончился давно.

4. 언젠가 나는 무서운 꿈을 꾸었다.
- 꿈 сон
- 꿈에 보이다, 꿈꾸다 сниться/присниться
- 무서운 страшный; ужасный
- 언젠가, 한 번은 однажды; когда-то

> Однажды мне приснился страшный сон.

5. 언젠가 우린 친구였었다.

> Мы когда-то были друзьями.

러시아어 표현

Он вчера очень поздно лёг спать.

03 기다리지 마세요. 저희는 저녁 늦게 돌아올 거예요.

어휘 및 표현
- 기다리다 ждать/подождать
- 되돌아오다 возвращаться/возвратиться; вернуться[완]
- 저녁에 вечер 〉 вечером

해설
- 아침에 утром
- 낮에 днём
- 저녁에 вечером
- 밤에 ночью

계절이나 하루 중의 때를 나타내는 명사들은 도구격의 형태로서 부사 역할을 한다.

예제

1. 아침에 안개가 조금 걷히기 시작했다.
- 안개 туман
- 산산이 흩어지다, 사라지다 рассеиваться/рассеяться

> Утром туман начал немного рассеиваться.

2. 나는 낮이나 밤이나 평안치가 못하다.
- 평안 покой; спокойствие
- ~도(않다) ни

> У меня нет покоя ни днём ни ночью.

3. 저녁에 이 곳은 그렇게 붐비지 않습니다.
- 사람들로 붐비다 людный(사람이 많은, 인구가 조밀한) 〉 людно

> Вечером здесь не так людно.

4. 그는 밤에 일하는 습관이 있다.
- 습관 привычка

> У него привычка работать ночью.

참고 ▶ '기다리지 마세요'와 같은 부정의 명령문에는 보통 불완료상 동사가 사용된다. 다만 화자가 좋지 않은 결과를 염려하여 "경고"하고자 하는 의도라면 완료상이 사용된다.

이야기하지 마세요. Не разговаривайте!
정확히 7시에 와, 늦지 말고. Приходи ровно в 7, не опаздывай, пожалуйста.
cf.) 조심해! 잊지 말라고! Смотри! Не забудь!

러시아어 표현

Не ждите нас, мы вернёмся поздно вечером.

04 여름에는 대부분의 극장들이 문을 닫는다.

어휘 및 표현

- 대부분, 대다수 большинство
- 여름에 лето 〉 летом
- 닫다, 폐쇄하다 закрывать/закрыть 〉 닫혀있다 закрыт(а,о,ы)

해설

- 봄에 весной(; весною)
- 여름에 летом
- 가을에 осенью
- 겨울에 зимой(; зимою)

예제

1. 봄에 우리가 있는 이 곳은 때때로 추위가 찾아온다.
- 추위 холод(복 холода)
- 있곤 하다 бывать[불완]
- 때때로 иногда

> Весною у нас тут иногда бывают холода.

2. 여름에 이 곳은 덥고 습하다.
- 더운 жаркий
- 습한 сырой; влажный; мокрый

> Летом здесь жарко и сыро.

3. 가을에 이 곳은 무릎까지 진창이다.
- 무릎 колено
- 진흙, 진창 грязь[여]
- ~까지(공간) по *что*; до *чего*

> Осенью здесь грязь по колено.

4. 겨울에는 기차들이 때때로 심하게 연착된다.
- 기차 поезд(복 поезда)
- 늦다 опаздывать/опоздать
- 심하게 сильно

> Зимой поезда иногда сильно опаздывают.

러시아어 표현

Летом большинство театров закрыто.

05 그는 많이 아팠었지만 이제는 회복되었다.

어휘 및 표현

- (건강을)회복하다 поправляться/поправиться; выздоравливать/выздороветь
- 아픈, 병든 больной(болен)
- 이제, 지금은 теперь

해설

- 예전에는 раньше
- 지금은, 이제는 теперь

과거와 현재를 대비시키는 의미의 '전에는'과 '지금은'은 각각 "раньше"와 "теперь"로 표현된다 (теперь는 сейчас와 같은 의미로도 사용됨에 주의).

예제

1. 예전에는 마차를 타고 다녔지만 지금은 자동차를 타고 다닌다.

- 마차, 말이 끄는 탈 것 лошади[복] ‹ 말 лошадь[여]
- 다니다(차로) ездить[다방향]

> Раньше ездили на лошадях, а теперь ездят на машинах.

2. 예전에 러시아에서는 혁명가들이 시베리아로 추방되었었다.

- 혁명가 революционер
- 추방하다, 유형에 처하다 ссылать/сослать

> Раньше в России революционеров ссылали в Сибирь.

러시아어 표현

Он был очень болен, а теперь поправился.

06 먼저 전차를 타고 몇 정거장을 간 다음 또 버스로 가야합니다.

어휘 및 표현

- 전차 трамвай
- 정거장 остановка
- 몇 정거장 несколько остановок
- 승차하다 садиться/сесть
- (일정거리를)가다(차로) проезжать/проехать
- 버스로 가다 ехать на автобусе; ехать автобусом
- ~해야 한다 нужно(; надо)+инф.
- 먼저 сначала, 다음에 потом; затем

해설

- 우선, 먼저 сначала
- 다음에, 나중에 потом; затем

부사 сначала 와 потом 은 순차적인 행위들(먼저~, 그 다음에…)을 표현하는데 쓰인다.

예제

1. 먼저 생각을 좀 해보고 그 다음에 대답하여라.
   - 생각하다(사고하다) думать/подумать; мыслить[불완]
   - 대답하다 отвечать/ответить
   - 먼저, 우선 сначала

   Сначала подумай, потом отвечай.

2. 먼저 무슨 일인지를 알아보고 그 다음에 자신의 의견을 이야기해야한다.
- 의견 мнение
- 알아보다 узнавать/узнать
- 발언하다, 진술하다 высказывать/высказать *что*
- 무슨 일인가? в чём дело?

> Сначала надо узнать в чём дело, а потом высказывать своё мнение.

3. 우리는 처음에는 비행기로 가기를 원했었지만 나중에 기차로 가기로 결정했다.
- 원하다 хотеть/захотеть; желать/пожелать
- 결정하다 решать/решить
- 비행기로 가다 лететь самолётом
- 기차로 가다 ехать поездом

> Сначала мы хотели лететь самолётом, но потом решили ехать поездом.

러시아어 표현

> Сначала нужно сесть на трамвай и проехать несколько остановок, а затем ещё нужно ехать автобусом.

07 그는 항상 남의 일에 끼어든다.

어휘 및 표현

- 일 дело: работа
- 타인의 чужой
- 항상 всегда
- 간섭하다, 개입하다 вмешиваться/вмешаться во *что*

해설

행위의 발생 빈도를 나타내는 시간부사들을 그 빈도순으로 살펴보면 다음과 같다:

всегда '항상' 〉 часто '자주, 종종' 〉 иногда '때때로, 가끔' 〉 редко '드물게' 〉 никогда '결코 (~않다)'

예제

1. 그는 항상 아침에 이 곳에 온다.

- (반복해서)있다, 방문하다 бывать

> Он всегда бывает здесь утром.

2. 나는 그 사람과 꽤 자주 만난다.

- 만나다(상호) встречаться/встретиться с кем
- 꽤, 상당히 довольно

> Я довольно часто встречаюсь с ним.

3. 그는 때때로 우리 집에 들른다.

- (잠시) 들르다 заходить/зайти к кому

> Он к нам иногда заходит.

4. 이 식물은 한국에서 보기 드물다.

- 식물 растение
- 눈에 띄다, 만나다(피동) встречаться/встретиться

> Это растение редко встречается в Корее.

5. 그는 결코 학생들을 칭찬하지 않는다.

- 학생 ученик
- 칭찬하다 хвалить/похвалить

> Он никогда не хвалит учеников.

러시아어 표현

Он всегда вмешивается в чужие дела.

08 우리는 회의가 매주 금요일마다 있다.

어휘 및 표현

- 회의 заседание; собрание
- 있다(반복적으로) бывать
- 금요일마다 по пятницам; каждую пятницу
- 매주 еженедельно; каждую неделю

해설

정기적으로 발생하는 행위('~마다')를 표현할 때는 접두사 еже-가 부가된 시간부사를 사용한다:

- 매분, 끊임없이 ежеминутно
- 매시간, 부단히 ежечасно
- 매일 ежедневно
- 매주 еженедельно
- 매달 ежемесячно
- 매년 ежегодно

예제

1. 버스는 거의 매시간 출발한다.
- 출발하다 отправляться/отправиться
- 거의 почти
- 매시간 ежечасно; каждый час

> Автобусы отправляются почти ежечасно.

2. 나는 그를 직장에서 매일 본다.
- 만나다, 마주치다 встречать/встретить кого
- 매일 ежедневно; каждый день

> Я его ежедневно встречаю на работе.

3. 이 잡지는 매달 발행된다.
   - 잡지 журнал
   - 발행되다 выходить/выйти (в свет)
   - 매달 ежемесячно; каждый месяц

   > Этот журнал выходит ежемесячно.

4. 이 단체의 대회는 매년 열린다.
   - 단체, 모임 общество
   - 대회 съезд; конгресс
   - (사건이)일어나다, 행해지다 происходить/произойти; созываться/созваться(소집되다)
   - 매년 ежегодно

   > Съезды этого общества происходят ежегодно.

러시아어 표현

Собрания у нас бывают еженедельно по пятницам.

 나는 오랫동안 이 일을 잊을 수 없었다.

어휘 및 표현

- 할 수 있다 мочь/смочь+инф.
- 잊다 забывать/забыть
- 오랫동안 долго

해설

타동사가 사용되는 부정문에서 목적어는 일반적으로 소유격이 사용된다 ("부정소유격"). долго(오랫동안), недолго(잠시)와 같은 시간부사들은 행위의 지속 시간을 나타낸다. 또한 '장기간 예정으로, 잠깐 동안(예정으로)'와 같이 미래의 의미를 가진 경우에는 부사 надолго(장기간 예정으로), ненадолго(잠깐 예정으로)가 사용된다.

예제

1. 나는 꼼짝 않고 한참을 서있었다.

- 서있다 стоять[불완]
- 움직이지 않고, 가만히 неподвижно
- 오랫동안, 한참 долго

> Я долго стоял неподвижно.

2. 기쁨은 잠깐이었다.

- 기쁨, 희열, 환희 радость[여]
- 지속되다, 계속되다 длиться/продлиться; продолжаться/продолжиться
- 잠깐 동안, 잠시 недолго

> Радость длилась недолго.

3. 나는 오래 있으려고 온 것이 아니다.

- 오래 예정으로 надолго

> Я приехал ненадолго.

4. 그는 잠시 외출했습니다.

- 외출하다 уходить/уйти(걸어서); уезжать/уехать(차로); отходить/отойти(떠나다)
- 잠시(예정으로) ненадолго

> Он ненадолго ушёл.

러시아어 표현

> Я долго не мог этого забыть.

연습문제

01 지금은 무언가를 하기에는 너무 늦었다.

02 나는 벌써 오래 전에 그 사람과 인사했다.

03 나는 내일 아침에 그와 얘기해볼 생각이야.

04 겨울에 우리는 스키나 스케이트를 탄다.

05 예전에 우리는 시골에서 여름을 보냈었다.

06 그는 먼저 담배 한가치를 다 피우고는 그 다음에 이야기하기 시작했다.

07 이 시간에는 전차가 자주 다닌다.

08 형은 매일 체조를 한다.

09 당신들은 그 곳에 오랫동안 계실 겁니까?

어휘 및 표현

01   무언가, 무엇이든 что-либо, что-нибудь   하다, 행하다 делать/сделать
     때늦은 поздний   지나치게, 너무 слишком   지금 сейчас

02   아는 사이가 되다 знакомиться/познакомиться с *кем*
     벌써, 이미 уже   오래 전에 давно

   참고▶ 시간 표현과 관련된 уже('이미, 벌써')와 ещё('아직')는 각각 '새로운 상태의 시작'과 '이전 상태의 계속'을 의미한다.
       그가 벌써 돌아왔어요? Он уже вернулся?
       표는 아직 판매되지 않고 있다. Билетов ещё не продают.

03   ~하려하다 собираться/собраться+инф.; намерен(а,ы)+инф.
     이야기를 나누다, 상담하다 поговорить[완] с *кем*
     내일 завтра   아침에 утром

04   스키 лыжи[여,복]   스키 타다 кататься на лыжах
     스케이트 коньки[남,복]   스케이트 타다 кататься на коньках
     겨울에 зимой

05   시골 деревня; село(농촌)   (시간을) 보내다 проводить/провести
     예전에 раньше

06   담배 сигарета; папироса; табак
     (담배를) 다 피우다 выкуривать/выкурить(< 피우다 курить)
     말하기 시작하다 заговорить(< 말하다 говорить)   먼저 сначала   그 다음에 затем

07   전차 трамвай   운행하다(차량) ходить[다방향]-идти[일방향]
     이 시간에는 в эти часы   자주 часто

08   체조 гимнастика
     체조를 하다 делать/сделать гимнастику; заниматься гимнастикой
     매일, 날마다 ежедневно; каждый день

09   (일정시간)체류하다, 머무르다 пробыть[완]   그 곳에, 거기에 там   오래 долго

유머 한마디

Когда я был маленький, я делал всё, что хотел мой отец. Теперь я делаю всё, что хотят мои дети. А когда я буду делать то, что я сам хочу?

05 시간의 표현 2

언제
얼마나 자주
얼마동안

Когда?	во *что*; на *чём*; в *чём*; ∫ *чего* во время *чего*; за *чем*; среди *чего*; при *чём*; во *что* перед *чем*; накануне *чего*; подо *что*; к *чему*; до *чего*; *что* назад после *чего*; через *что*; между *чем* за *что* до *чего*; через *что* после *чего*; на *что* когда; пока; в то время как прежде чем; до того как после того как; с тех пор как; как только
Как часто?	(каждое *что*) по *чему*(мн.)
Как долго?	с *чего* до *чего*(; по *что*) ∫ *что*; за *что*; на *что* пока не

제 5 과에서는 "시간 표현"에 사용되는 전치사와 접속어에 대해 공부할 것이다.

01 그들은 작년 6월에 결혼하였다.

어휘 및 표현

- 작년 прошлый год
- 6월 июнь[남]　　• 6월에 в июне
- 결혼하다 жениться(; пожениться)[완](남녀가);
  жениться[완,불완] на ком(남자가); выходить/выйти за кого(여자가)

해설

사건이 일어난 "시간이나 날짜(연월일)"를 나타내는데는 전치사 в, на가 사용된다.

во что	на чём	в чём
в два часа(두 시에) в пятницу(금요일에)	на этой неделе(이번 주에)	в июне(6월에) в будущем году(내년에)

만약 대략적인 시간을 표현하고자 한다면 도치법을 사용하면 된다 :

- 그는 7시쯤 떠났습니다. Он ушёл часов в семь.
- 10분쯤 후에 돌아올게요. Я вернусь минут через десять.

한편 정확한 날짜('며칠에')를 표현할 때는 전치사 없이 소유격을 쓴다.

예제

1. 기차는 5시에 도착합니다.

> Поезд приходит в пять часов.

2. 우리는 수요일에 첫 시험이 있다.

- 수요일 среда　　• 수요일에 в среду　　• 첫째의 первый

> У нас будет первый экзамен в среду.

3. 지난주에는 계속해서 비가 내렸습니다.

- 주 неделя
- (눈, 비가)오다 идти[불완]; падать[불완]
- 지난 прошлый
- 계속 하여 всё время

> На прошлой неделе всё время шёл дождь.

4. 저는 이번 달에 이 책을 출판할 계획입니다.

- 달 месяц
- 출판하다 издавать/издать
- 계획하다 планировать/спланировать

> Я планирую издать эту книгу в этом месяце.

5. 그는 러시아로 떠났으며 내년에 돌아올 겁니다.

- 떠나다(차로) уезжать/уехать
- (되)돌아가다 вернуться[완]
- 다음의 следующий

> Он уехал в Россию, вернётся в следующем году.

6. 나는 1994년 8월 22일에 태어났습니다.

- 8월 август
- 22일 двадцать второе (число)
- 태어나다 родиться[완.불완]

> Я родился двадцать второго августа 1994-ого года.

7. 전시회는 11월 2일에 열렸습니다.

- 전시회 выставка
- 11월 ноябрь[남]
- 2일 второе (число)
- 열리다, 시작되다 открываться/открыться

> Выставка открылась второго ноября.

러시아어 표현

Они женились в июне прошлого года.

02 다음 휴식시간에 요기 좀 합시다.

어휘 및 표현

- 휴식시간 перерыв
- 다음 휴식시간에 во время следующего перерыва; в следующий перерыв
- 요기하다, 조금 먹다 перекусывать/перекусить; закусывать/закусить
- ~합시다 (Давайте)+буд.СВ; Давайте+инф.НСВ
- ~할 때에, ~중에 во время *чего*

해설

'~할 때에, ~중에' 표현에는 во время *чего* 구문이 사용된다.
또한 다음의 전치사들이 특정 명사와 결합하면서 이와 동일한 의미로 쓰일 수 있다:

- за *чем* '~때에,~중에': за завтраком, за обедом, за ужином, за чашкой чая
- среди *чего* '~한가운데에': среди ночи, среди дня, среди зимы
- при *чём* '~시대에,~때에': при коммунизме, при жизни, при случае, при встрече
- во *что* '~때에': в каникулы, в перерыв, в мороз, в дождь

예제

1. 비행 중에 승객들은 잠들어 있었다.

- 비행 полёт
- 승객 пассажир
- 잠자다 спать[불완]

> Во время полёта пассажиры спали.

2. 식사 중에 많은 이야기가 오고갔다.

- 담화, 이야기 речь[여]
- 식사 중에 за обедом; во время обеда

> За обедом было много речей.

3. 그는 한밤중에, 12시쯤 잠에서 깨어났다.

- 잠을 깨다 просыпаться/проснуться
- 대략(때) около *чего*
- 한밤중에 среди ночи

> Он проснулся среди ночи, около двенадцати.

4. 페테르부르크는 표트르 1세 때 건설되었다.

- 건설된 строить/построить(건설하다) > построенный(построен)
- ~시대에, ~때에 при *чём*
- 표트르 1세 치세에 при Петре Первом; во времена Петра Первого

> Петербург был построен при Петре Первом.

5. 기회가 될 때 그에게 이걸 물어보세요.

- 묻다 спрашивать/спросить *кого* о *чём*

> Спросите его об этом при случае.

6. 과제를 풀면서 나는 과실을 범했다.

- 과제 задача
- 해결 решение
- 과실 ошибка
- 과실을 범하다, 오류를 허용하다 допускать/допустить ошибку

> При решении задачи я допустил ошибку.

7. 나는 방학에 두 번 모스크바에 갔었다.

- 다니다(차로) ездить[다방향]
- 방학 каникулы[여,복]
- 방학에 в каникулы; во время каникул

> В каникулы я два раза ездил в Москву.

8. 이렇게 비가 오는데 어딜 가려고 하세요?
- ~하려 하다 собираться/собраться
- ~때에 во *что*
- 비가 올 때 в дождь

> Куда вы собираетесь в такой дождь?

러시아어 표현

Давайте перекусим во время следующего перерыва.

03 자기 전 한 알씩 복용하세요.

어휘 및 표현

- 알약, 환약 пилюля
- 잠, 수면 сон
- 복용하다 принимать/принять
- 씩(할당) по *чему*   • 한 알씩 по одной пилюле
- ~(직)전에 перед *чем*

해설

특정 시점 이전에 발생한 행위를 표현할 때는 다음의 전치사들이 사용된다:
- перед *чем* '~(직)전에'
- накануне *чего* '~전야에(직전에)'
- подо *что* '~무렵에(가까이)'

- к *чему* '~즈음에, ~까지는(~보다 늦지 않게)'
- до *чего* '~전에'
- *что* (тому) назад[부사] '~만큼 전에'

예제

1. 그는 바로 시험 (직)전에 병에 걸렸다.
- 병에 걸리다, 병들다 заболевать/заболеть
- 바로 그, 다름 아닌 самый
- ~(직)전에 перед *чем*

> Он заболел перед самым экзаменом.

2. 겨울 전에 시골에서는 많은 장작을 베어놓는다.
- 장작 дрова[중,복]
- 베다, 패다(장작) рубить/рубнуть

> Перед зимой в деревне рубят много дров.

3. 그가 출발을 앞두고 내게 들렀었다.
- 출발(차로) отъезд
- (잠시)들르다 заходить/зайти к *кому*
- ~직전에, 전야에 накануне *чего*

> Он заходил ко мне накануне отъезда.

4. 축일 전야에는 상점이 사람들로 붐빈다.
- 축일, 명절 праздник
- 상점 магазин
- 사람들, 군중 народ[집합]

> Накануне праздников в магазинах много народу.

5. 나는 아침이 다 되서야 잠이 들었다.
- 잠들다 засыпать/заснуть
- 겨우, 간신히 только
- ~무렵에(가까이)подо *что*

> Я заснул только под утро.

6. 한 시간 후 저녁 무렵에 당신께 가겠습니다.

- ~(~만큼)후 через *что*

> Я приду к вам через час, под вечер.

7. 아침 무렵에 따뜻해졌다.

- 따뜻해지다 теплеть/потеплеть
- ~즈음에, ~까지는(~보다 늦지 않게) к *чему*

> К утру потеплело.

8. 연말까지 일을 끝내야 합니다.

- 연말 конец года
- 끝내다(마무리하다) заканчивать/закончить

> Надо закончить работу к концу года.

9. 일이 끝나기 전에 당신께 전화할게요.

- 종료, 완결 окончание; завершение
- 전화를 걸다 звонить/позвонить
- ~전에 до *чего*

> Я вам позвоню до окончания работы.

10. 그는 마흔이 되기 전에 교수가 되었다.

- 교수 профессор
- ~가 되다(신분) становиться/стать *кем*

> Он стал профессором до сорока лет.

11. 나는 며칠 전에 그 곳에 갔었다.

- 며칠 несколько дней
- (~만큼)전에 *что* (тому) назад[부사]

> Я был там несколько дней тому назад.

12. 이 집은 5, 6년 전에 준공되었다.

- 준공된, 공사를 마친 выстраивать/выстроить(준공하다) 〉 выстроенный(выстроен)

> Этот дом был выстроен пять или шесть лет назад.

러시아어 표현

> Принимайте по одной пилюле перед сном.

04 혹한 이후에 모스크바는 따뜻해졌다.

어휘 및 표현

- 추위 холод; мороз
- 혹한 сильный холод; жестокий мороз
- 따뜻해지다 теплеть/потеплеть[무인동]
- ~(보다)후에 после чего

해설

특정 시점 이후의 행위를 나타내는 데는 **после** *чего*('~의 후에')가, 일정시간이 지난 후의 행위를 나타내는 데는 **через** *что*('(~만큼)후에')가 사용된다. 그러므로 **через**는 시간 단위를 의미하는 명사와 함께 쓰인다.
또한 특정 시간과 시간 사이를 나타내는 데는 **между** *чем*('~사이에')을 사용한다.

예제

1. 세 시 이후에 한가해집니다.

- 자유로워지다, 해방되다 освобождаться/освободиться
- ~의 후에 после чего

> Я освобожусь после трёх.

2. 저녁식사 후에 나는 개를 데리고 산책하러 갈 것이다.
- 저녁식사 ужин
- 개 собака; щенок(강아지)
- 산책하다 гулять[불완]

> После ужина я пойду гулять с собакой.

3. 1년 후 나는 대학을 졸업한다.
- 졸업하다 оканчивать/окончить; заканчивать/закончить
- ~(~만큼)후에, (~만큼)지나서 через что

> Через год я закончу университет.

4. 며칠 후에 답변 드리겠습니다.
- 며칠 несколько дней
- 답변하다 отвечать/ответить; давать/дать ответ

> Я вам дам ответ через несколько дней.

5. 두 시에서 세 시 사이에 집에 있을 겁니다.
- 집에 дома
- ~사이에 между чем

> Буду дома между двумя и тремя.

6. 우리는 강의시간 사이에 매점에 다녀올 겁니다.
- 강의 лекция
- 매점 буфет
- 갔다 오다(걸어서) сходить[완]

> Мы сходим в буфет между лекциями.

러시아어 표현

После сильных морозов в Москве потеплело.

05 떠나기 하루 전에 그가 작별인사를 하러 왔다.

어휘 및 표현

- 출발(차로) отъезд
- 작별하다, 오랫동안 이별하다 прощаться/проститься(; попрощаться); расставаться/расстаться
- ~하기 …(~만큼)전 за *что* до *чего*
- 떠나기 하루 전 за день до отъезда

해설

행위들 간의 시간관계를 표현하기 위해서 두 개의 전치사가 함께 사용되기도 한다.

- за *что* до *чего* '~하기 …(~만큼)전'
- через *что* после *чего* '~하고 …(~만큼)후'

또한 시간차('~(~만큼)만큼')를 나타낼 때는 на *что* 구문을 사용한다.

예제

1. 그는 기차가 출발하기 직전에 뛰어왔다.

- 잠깐사이, 순간 минута
- 뛰어오다 прибегать/прибежать
- ~하기 …(~만큼)전 за *что* до *чего*

> Он прибежал за минуту до отхода поезда.

2. 나는 그가 죽기 1년 전에 그를 마지막으로 보았다.

- 죽음 смерть[여]
- 보다(보이다) видеть/увидеть
- 마지막으로 в последний раз

> В последний раз я видел его за год до смерти.

3. 그는 수업 시작하고 10분이 지나서 도착했다.

- 시작 начало
- 수업 урок; занятия[복]
- ~하고 …(~만큼)후 через *что* после *чего*

> Он пришёл через 10 минут после начала занятий.

4. 소나기가 그치고 5분 후에 우리는 카페에서 나왔다.

- 소나기 ливень[남](폭우); гроза(뇌우)
- 카페 кафе
- 나오다(걸어서) выходить/ выйти

> Через пять минут после грозы мы вышли из кафе.

5. 당신은 두 시간 늦으셨군요.

- 늦다 опаздывать/опоздать
- ~만큼 на *что*

> Вы опоздали на два часа.

6. 왜 일주일 더 일찍 이야기하지 않으셨어요?

- 말하다 говорить/сказать
- 더 일찍 рано 〉 раньше

> Почему вы не сказали об этом на неделю(; неделей) раньше?

러시아어 표현

За день до отъезда он пришёл попрощаться.

06 내가 거리로 나왔을 때는 폭우가 내리고 있었다.

어휘 및 표현

- 거리 улица
- 폭우, 호우 сильный дождь; ливень[남]
- (눈, 비가)내리다 идти[불완]; падать[불완]; выпадать/выпасть
- ~가 …할 때에 когда; в то время как

해설

시간 표현의 종속절에 쓰이는 접속어 가운데 '~가 …할 때에' 의미를 가진, 즉 행위들 간 동시성을 표현하는 접속어에는 когда; пока; в то время как 등이 있다.

"Когда~, (то)" 구문은 행위들 간 동시성을 표현하기 위해 종속절과 주절에서 적어도 하나 이상의 불완료상 동사를 필요로 한다. 반면 행위들 간 순차성을 표현하고자 한다면 종속절과 주절 모두에 완료상 동사가 사용 된다:

- 선생님이 강의실로 들어오셨을 때 모든 학생들이 기립했다.

  Когда преподаватель вошёл в аудиторию, все студенты встали.
- 우리가 텍스트 번역을 마쳤을 때 선생님께서는 우리에게 몇 가지 질문을 하셨다.

  Когда мы закончили переводить текст, учитель задал нам несколько вопросов.

"Пока('~가 …하는 동안')" 구문은 주로 종속절과 주절의 행위가 시간상 완전히 일치됨을 표현한다.

한편 "В то время как" 구문은 동시에 일어난 두 가지 행위를 대비시키는 역할을 한다.

예제

1. 내가 어렸을 적에 우리는 함께 놀았었다.

- 놀다 играть/сыграть
- 어린 маленький

- 함께 вместе
- ~가 …할 때에 когда

> Когда я был маленьким, мы играли вместе.

2. 내가 한국에 도착했을 때는 무척이나 더웠다.
   - 더운 жаркий

> Когда я приехал в Корею, было очень жарко.

3. 비가 오는 동안 우리는 집에 있었다.
   - (눈, 비가)오다 идти[불완]; падать[불완]
   - (~에)있다 сидеть[불완]; быть[불완]
   - ~가 … 하는 동안 пока

> Пока шёл дождь, мы сидели дома.

4. 당신이 망설이고 있는 동안 표가 모두 다 매진되었어요.
   - 망설이다 колебаться/поколебаться
   - 매진된, 다 팔린 распродавать/распродать > распроданный(распродан)

> Пока вы колебались, все билеты были распроданы.

5. 의사 선생님을 기다리시는 동안 이 기사를 읽어보세요.
   - 의사 врач; доктор
   - 기사 статья
   - 기다리다 ждать/подождать
   - 읽다 читать/ прочитать

> Пока вы ждёте доктора, прочитайте эту статью.

6. 들판에 바람이 불 때 숲 속은 고요하고 따뜻하다.
   - 들 поле
   - 바람이 불다 дуть/подуть
   - 고요한 тихий
   - 따뜻한 тёплый
   - ~가 …할 때에 в то время как

> В то время как в поле дует ветер, в лесу тихо и тепло.

러시아어 표현

Когда я вышел на улицу, шёл сильный дождь.

07 나는 도서관에 반납하기 전에 책을 끝까지 다 읽어야 했다.

어휘 및 표현

- 끝까지 읽다 дочитывать/дочитать
- 돌려주다 отдавать/отдать
- ~해야 했다 (*кому*)надо было; нужно было
- ~가 …하기 전에 прежде чем; до того как

해설

주절의 행위가 종속절의 행위에 선행함을 나타내기 위해 접속어 **прежде чем; до того как**('~가 …하기 전에') 등이 접속어로 사용된다.

예제

1. 들어가기 전에 노크를 해야 한다.

- 들어가다 входить/войти
- 노크를 하다 стучать/стукнуть
- ~가 …하기 전에 прежде чем; до того как

> Прежде чем войти, надо стучать.

2. 떠나기 전에 나는 방을 치워야한다.

- 떠나다 уходить/уйти

- 치우다, 정돈하다 убирать/убрать

> Прежде чем уйти, мне нужно убрать комнату.

3. 그는 친구가 도움을 청하기 전에 왔다.
- 도움 помощь[여]
- 요청하다 просить/попросить *кого* о *чём*

> Прежде, чем друг попросил его о помощи, он пришёл сам.

러시아어 표현

Мне надо было дочитать книгу прежде, чем отдать её в библиотеку.

08 나는 그녀와 만난 후에야 진실을 알 수 있었다.

어휘 및 표현

- 진실 правда
- ~와 만나다 встречаться/встретиться с *кем*
- 알다(알게 되다) узнавать/узнать
- 겨우, 간신히 только
- ~가 …한 후에 после того как

해설

주절의 행위가 종속절의 행위보다 시간상 뒤에 옴('~가 …한 후')을 나타내는 접속어는 다음과 같다:

- после того как '~가 …한 후에'

- с тех пор как '~가 …한 이후로(그때부터)'
- как только '~가 …하자마자'

예제

1. 그와 이야기한 후에 모든 것이 분명해졌다.
- 서로 이야기하다 поговорить[완]
- 분명해지다, 명료해지다 проясняться/ проясниться
- ~가 …한 후 после того как

> После того как поговорил с ним, всё прояснилось.

2. 헤어진 이후로 어디에 계셨습니까?
- 헤어지다 расставаться/расстаться с *кем*; расходиться/разойтись

> Где вы были после того, как мы расстались?

3. 나는 산에 다니기 시작한 이후로 아프지 않다.
- ~하기 시작하다 начинать/начать; становиться/стать+инф.
- (병을)앓다 болеть[불완] *чем*
- ~가 …한 이후로(그때부터) с тех пор как

> С тех пор как я стал ходить в горы, я не болею.

4. 우리가 집에서 나오자마자 비가 내리기 시작했다.
- 나가다 выходить/выйти
- (눈, 비가)내리기 시작하다 пойти[완]
- ~가 …하자마자 как только

> Как только мы вышли из дому, пошёл дождь.

5. 그는 몸이 회복되자마자 다시 직장에 나왔다.
- 건강을 회복하다 поправляться/поправиться; выздоравливать/выздороветь(완쾌하다)
- 다시 снова

> Как только он поправился, он снова вышел на работу.

러시아어 표현

Я смог узнать правду только после того, как встретился с ней.

09 아침마다 달리는 것은 건강에 매우 유익하다.

어휘 및 표현

- 건강 здоровье
- 달리다 бегать[다방향]–бежать[일방향]
- (건강에)좋은, 유익한 полезный
- 아침마다, 매일 아침 по утрам; каждое утро

해설

주기적으로 반복하여 발생하는 행위의 표현에는 *каждое что* '매~'나 *по чему*[мн.] '~마다' 구문이 사용 된다:

- 매일 каждый день
- 매분 каждую минуту
- 매 5분마다 каждые пять минут
- 아침마다 по утрам(; каждое утро)
- 수요일마다 по средам(; каждую среду)

예제

1. 시계가 30분마다 친다.

- 시계 часы[복]
- 치다, 쳐서 알리다(시계) бить/пробить
- 매 ~마다 каждый

> Часы бьют каждые полчаса.

2. 나는 매일같이 7시에 일어난다.
- 기상하다 вставать/встать
- 날마다 каждый день

> Я каждый день встаю в семь часов.

3. 우리 이웃은 저녁마다 아이들과 함께 산책을 한다.
- 이웃 сосед
- 산책하다 гулять[불완]
- ~마다(때) по *чему*[мн.]
- 저녁마다 по вечерам; каждый вечер

> Мой сосед гуляет с детьми по вечерам.

4. 휴일마다 우리는 보통 교외로 나간다.
- 휴일 праздник(축일); выходной день
- 나가다, 외출하다(차로) выезжать/ выехать
- 보통 обычно
- 교외로 за город

> По праздникам мы обычно выезжаем за город.

러시아어 표현

Бегать по утрам очень полезно для здоровья.

10 나는 아침부터 저녁까지 네게 전화할 틈도 낼 수가 없었어.

어휘 및 표현

- 잠깐사이, 순간 минута
- 시간(틈)을 내다 урывать/урвать
- ~할 수 있다 мочь/смочь+инф.
- 전화를 걸다 звонить/позвонить *кому*
- ~부터 ~까지(시간) с *чего* до *чего*(; по *что*)

해설

타동사가 사용된 부정문에서 목적어는 보통 소유격으로 사용된다('부정소유격').

행위가 지속되는 시간의 시작과 끝을 나타내기 위해 "с~ до…('~부터 …전까지')"나 "с~по…('~부터 …까지')"구문이 사용된다.

예제

1. 태어나서 지금까지 그는 서울에서만 살았다.

- 탄생, 출생 рождение
- 현재 настоящее время
- 살다, 거주하다 жить[불완]
- ~부터 …전까지 с~ до…

> С рождения и до настоящего времени он жил только в Сеуле.

2. 의사는 2시부터 5시까지 진료한다.

- (방문객을)맞이하다 принимать/принять

> Доктор принимает с двух до пяти.

3. 우리는 8월 20일부터 27일까지 이 호텔에 머물 것이다.

- 호텔 гостиница
- 머무르다 останавливаться/остановиться
- ~부터 …까지 с~ по…

> Мы остановимся в этой гостинице с двадцатого по двадцать седьмое августа.

러시아어 표현

> С утра до вечера я не мог урвать минуты, чтобы позвонить тебе.

11 | 그는 벌써 30년째 이 회사를 운영하고 있다.

어휘 및 표현

- 회사, 상사 фирма; компания; предприятие(기업)
- 운영하다 управлять/управить чем; заведовать[불완] чем
- ~동안(…하고 있다) ∮ что

해설

행위의 지속시간('~동안')을 표현하는 방법은 다음과 같다.

∮ что	на чём	на что
과정에 초점 '~동안'	결과에 초점=행위 완수에 소비된 시간 '~동안(~만에)'	다가올 시간 '~동안(~예정으로)'

예제

1. 그는 자신의 전 생애에 걸쳐 이 소설을 썼다.

- 소설 роман(장편); повесть[여](중, 단편)
- 생애 жизнь[여]
- 쓰다(글) писать/ написать; сочинять/сочинить(저술하다)
- ~동안 ∮ *что*

> Он писал этот роман всю свою жизнь.

2. 어제는 하루 종일 비가 내려 우리의 계획이 무산되었다.

- 계획 план
- 하루 종일 весь день; целый день
- (눈, 비가)오다 идти[불완]; падать[불완]
- 무산된 расстраивать/расстроить(뒤죽박죽으로 만들다) 〉 расстроенный(расстроен)

> Вчера весь день шёл дождь, и наши планы были расстроены.

3. 며칠 만에 이 책을 다 읽은 거니?

- 읽다 читать/прочитать
- ~동안(~만에) за *что*(; во *что*)

> За сколько дней ты прочитал эту книгу?

4. 나는 한 시간 만에 그 곳에 갔다 올 수 있을 거야.

- ~할 수 있다(시간적으로) успевать/успеть+инф.
- 갔다 오다(차로) съездить[완]

> За час я успею туда съездить.

5. 우리는 여름을 보내려고 시골에 갑니다.

- 시골 деревня; село(농촌)
- ~동안(~예정으로) на *что*

> Мы едем в деревню на лето.

6. 나는 한 달간의 휴가를 받았다.

- 휴가 отпуск
- 받다 получать/получить

> Я получил отпуск на месяц.

러시아어 표현

Он управляет этой фирмой уже тридцать лет.

12 당신이 그에게 말할 때까지 그는 모른척할 겁니다.

어휘 및 표현

- 말하다 говорить/сказать
- ~인 체하다 притворяться/притвориться
- ~가 …할 때까지 пока не

해설

'~가 …할 때까지' 의미의 종속절에는 접속어 "пока не"가 사용된다.

예제

1. 우리는 비가 그칠 때까지 나무 밑에 서있었다.

   - 나무 дерево
   - 서있다 стоять[불완]
   - (비가)그치다 кончаться/кончиться; прекращаться/прекратиться; переставать/перестать
   - ~아래에 под чем
   - ~가 …할 때까지 пока не

   > Мы стояли под деревом, пока не кончился дождь.

2. 제가 돌아올 때까지 기다리세요.

- (되)돌아오다 вернуться[완]
- 기다리다 ждать/подождать

> Ждите, пока я не вернусь.

러시아어 표현

Пока вы ему не скажете, он будет притворяться, что не знает.

연습문제

01 나는 내년에는 새 차를 살 수 있을 거라고 생각한다.

02 저녁 식사 중에 시간은 어느덧 흘러가 버렸다.

03 나는 여름방학 전에 전공시험을 통과했다.

04 연휴 뒤에 눈이 내렸습니다.

05 나는 매일 강의 시작 한 시간 전에 일어나기 때문에 절대로 늦지 않는다.

06 그가 마당으로 나왔을 때 거기에선 벌써 친구들이 배구를 하고 있었다.

07 우리가 떠나기 전에 너에게서 소식을 들었으면 해.

08 나는 편지를 다시 읽어본 후에 빠진 단어들을 덧붙여 썼다.

09 우리는 금요일마다 음악공부를 한다.

10 그는 아침부터 당신이 돌아오기 전까지 아무 것도 먹지 않았어요.

11 이 문제는 한 시간 내내 회의에서 논의되었다.

12 그가 일어서기 전에는 아무도 그의 큰 키를 눈치채지 못했다.

어휘 및 표현

01 사다, 구입하다 покупать/купить   할 수 있다 мочь/смочь
내년 будущий год; следующий год(다음해)   내년에 в следующем году

02 (시간이)흐르다, 경과하다 проходить/пройти
눈에 띄지 않게, 슬그머니 незаметно   저녁식사 때 во время ужина; за ужином

03 전공 специальность[여]   전공시험 экзамен по специальности
여름방학 летние каникулы[여.복]
시험에 합격하다 сдать[완](; выдержать[완]) экзамен   ~전에 до чего

04 휴일 праздник(축일); выходной день
(눈, 비가)내리다 идти[불완]; падать[불완]; выпадать/выпасть   ~후에 после чего

05 강의 лекция   기상하다 вставать/встать   지각하다 опаздывать/опоздать
결코 (~않다) никогда   ~하기 …(~만큼)전 за что до чего

06 마당 двор   배구를 하다 играть в волейбол   ~가 …할 때에 когда

07 소식 известие; весть(весточка)   소식을 듣다 получать/получить весточку
떠나다(차로) уезжать/уехать, 희망하다 надеяться[불완]
~가 …하기 전에 прежде чем; до того как

08 다시 읽다 перечитывать/перечитать
(글자 등을 지우고 위에)덧붙여 쓰다, 고쳐 쓰다 надписывать/надписать
빠진, 누락된 пропускать/пропустить > пропущенный
~가 …한 후에 после того как

09 공부하다 заниматься[불완] чем   금요일마다 по пятницам; каждую пятницу

10 돌아옴, 귀환 возвращение   아무 것도(~않다) ничто
먹다 есть/съесть   ~부터 ~전까지 с~ до~

11 문제 вопрос; проблема; дело   회의 собрание; заседание
논의하다 обсуждать/обсудить   한 시간 내내 целый час   ~동안 ∮ что

12 키, 신장 рост   그 누구도(~않다) никто   일어서다 вставать/встать
눈치채다, 깨닫다 замечать/заметить   (키가)큰 высокий   ~가 …할 때까지 пока не

유머 한마디

Учитель указал: "Напишите, что вы делали в понедельник, во вторник, в среду и т.д." Вовочка написал: "В воскресенье папа пошёл в магазин и купил огромную рыбу. Мы ели её в понедельник, во вторник, в среду, в четверг, в пятницу и ещё осталось на субботу."

06 존재의 표현

~이 있다
~이 없다

есть(быть)	있다
бывать	있곤 하다
существовать	존재, 현존하다
присутствовать	출석, 참석하다
содержаться	포함되어 있다
с *чем*	~가 있는, ~와 함께
нет(не было, не будет)	없다
негде; нечего	~할 곳이 없다, ~할 것이 없다
без *чего*	~가 없는, ~없이

"대상의 존재 사실('~이 있다')"을 표현하기 위해서는 есть(быть의 현재형)가, 이를 부인하는 표현('~이 없다')에는 술어 нет가 사용된다.

한편 есть('있다') 외에도 존재의 의미를 담고 있는 보다 더 구체적인 의미의 동사들(있곤 하다 бывать, 존재하다 существовать, 참석하다 присутствовать, 포함되어 있다 содержаться 등)이 있는데, 이들은 문맥 상황에 따라서 есть로 교체될 수 있다.

01 | 그를 설득할 단 한 가지 방법이 있다.

어휘 및 표현

- 방법 способ; метод; путь[남]
- 설득하다 убеждать/убедить; уговаривать/уговорить
- 단지 только; лишь
- 있다 есть(быть); иметься

해설

'~이 있다'라는 대상의 존재 사실을 표현할 때 가장 폭넓게 사용되는 술어는 есть(быть의 현재형)이다. 과거시제는 был(а,о,и), 미래시제는 будет(будут)이 쓰인다. 또한 имеется(иметься의 현재형)가 есть와 동일한 의미로 사용된다.

예제

1. 학교에 기숙사가 있다.

- 기숙사 общежитие
- ~에(부속으로) при чём
- ~이 있다 есть(быть); иметься

> При школе есть общежитие.

2. 화성에 생명이 존재합니까?

- 화성 Марс
- 생명 жизнь[여]
- ~입니까? ли

> Есть ли жизнь на Марсе?

3. 우리는 이번 경기에서 이길 기회가 있었다.

- 기회 шанс(좋은 기회, 찬스); случай
- 경기 матч; соревнование; игра; встреча
- 이기다, 승리하다 побеждать/победить; выигрывать/выиграть

> У нас был шанс победить в этом матче.

4. 시간이 나면 모레 너에게 들를게.
- 모레 послезавтра
- 들르다 заходить/зайти
- 만약 ~하면 если

> Если будет время, я зайду к тебе послезавтра.

5. 객실에는 세면대와 화장실, TV가 있다.
- (호텔의) 객실 номер
- 세면대 умывальник
- 화장실 туалет

> В номере имеются умывальник, туалет, ТВ.

러시아어 표현

> Есть только один способ его убедить.

02 나는 러시아어로 된 책이 조금 있다.

어휘 및 표현

- 러시아어로 쓰여 진 на русском языке
- 적게, 조금 мало чего

해설

위의 1.에서와 달리 서술의 초점이 "대상이 존재하는지 아닌지"에 있지 않고 "대상 자체(대상이 무엇인가, 대상의 특성, 대상의 수량, 대상이 위치한 장소 등)"에 있을 때 동사 есть는 생략된다. есть의 사용과 생략의 경우는 다음 예에서 명백히 구분 된다:

- −알러지가 있습니까? −있습니다. 전 고양이 알러지예요.

  −Скажите, у вас есть аллергия? −К сожалению, есть. У меня аллергия на кошек.

- 나는 일에 실수가 있지만 그는 없다.

  У меня есть ошибки в работе, а у него нет.

예제

1. 안나는 후두염이다.
- 후두염 ангина

> У Анны ангина.

2. 내 친구는 사교적인 성격을 가졌다.
- 성격 характер
- 사교적인 общительный

> У моего друга общительный характер.

3. 일하는데 어려운 점이 많습니다.
- 어려움 трудность[여]
- 많이 много *чего*

> В работе много трудностей.

4. 너 무얼 찾니? 네 가방은 책상 위에 있는데.
- 가방 сумка(손가방); портфель(서류가방); чемодан(트렁크)
- 찾다 искать[불완]

> Что ты ищешь? Твоя сумка на столе.

러시아어 표현

У меня мало книг на русском языке.

03 그녀는 자주 두통이 있다.

어휘 및 표현

- 두통 головная боль
- 있곤 하다 бывать
- 자주 часто

해설

반복적인 존재의 표현('자주 있다, 있곤 하다')에는 быть('있다')의 다회체형인 бывать나 встречаться[불완]('눈에 띄다')가 사용된다.

예제

1. 나는 시간이 있을 때마다 공원을 산책한다.

- 있곤 하다 бывать
- ~가 …할 때 когда

Когда у меня бывает время, я гуляю в парке.

2. 그는 수요일마다 집에 있는 적이 없다.

- 수요일마다 по средам
- 결코(~않다) никогда

Он никогда не бывает дома по средам.

3. 그런 실수는 종종 있다.

- 실수 ошибка
- 종종, 자주 часто
- (반복적으로)눈에 띄다, 마주치다 встречаться[불완]

Такие ошибки часто встречаются.

4. 그런 사람들은 좀처럼 못 만난다.

- 그러한 такой
- 드물게 редко

> Такие люди редко встречаются.

러시아어 표현

> У неё часто бывают головные боли.

04 | 법은 만인을 위해 존재한다.

어휘 및 표현

- 법 закон(일반적); право(개별적)
- 존재하다 существовать[불완]
- ~을 위하여 для кого

해설

동사 существовать는 быть('있다')보다 더 구체적인 어휘의미('존재하다, 현존하다')를 갖는다.

예제

1. 이 문제에 관해 여러 의견들이 존재한다(있다).

- 문제 вопрос
- 의견 мнение
- 여러 가지의 разный
- 존재하다 существовать[불완]

> Существуют(Есть) разные мнения по этому вопросу.

2. 공장은 벌써 100년 정도 되었다.
- 공장 фабрика; завод
- 대략 около *чего*

> Фабрика существует уже около ста лет.

3. 나는 정말이지 그런 기인들이 자연계에 존재하는 줄 몰랐다.
- 기인, 괴짜, 이상한 사람 чудак
- 자연계 природа
- 정말로 право[삽입어]

> Я, право, не знала, что такие чудаки существуют в природе.

러시아어 표현

Закон существует для всех.

05 그가 당신들 담화에 참석했었습니까(있었습니까)?

어휘 및 표현

- 담화, 대화 разговор; беседа
- ~할 때에 при *чём*; во время *чего*
- 참석하다, 출석하다 присутствовать[불완]

해설

동사 присутствовать는 быть('있다')보다 더 구체적인 어휘의미('출석, 참석해 있다')를 갖는다.

예제

1. 축일 예배에는 100명 이상이 참석했다.

- 예배, 기도 богослужение
- 축일의 праздничный
- 더 많이 много 〉 более; больше

> На праздничном богослужении присутствовало более 100 человек.

러시아어 표현

Он присутствовал(; был) при вашем разговоре?

06 이 책에는 유익한 정보가 많이 들어있다.

어휘 및 표현

- 정보 сведения[복]; информация
- 유익한 полезный; благотворный
- 많이 много чего
- 포함되어있다 содержаться[불완]

해설

동사 содержаться 는 есть('있다')보다 더 구체적인 어휘의미(~의 구성요소로서 '포함되어 있다')를 갖는다.

예제

1. 이 광천수에는 염류가 함유되어 있다.

- 광천수 минеральная вода

- 염류, 염분, 소금 соль[여]   • 포함되어있다 содержаться[불완]

> В этой минеральной воде содержатся соли.

2. 사탕무에는 당분이 많이 함유되어 있다.
   - 사탕무 свёкла   • 설탕, 당(분) сахар

> В свёкле содержится много сахара.

3. 이 책에는 삽화가 들어있다.
   - 삽화 иллюстрация; рисунок; картинка

> В этой книге содержатся иллюстрации.

러시아어 표현

> В этой книге содержится(; есть; имеется) много полезных сведений.

07 그에게 레몬이 든 차를 좀 주십시오.

어휘 및 표현

- 차 чай
- 레몬 лимон
- 주다 давать/дать
- ~가 들어있는 с *чем*

해설

전치사 с가 "존재('~가 있는', '~를 가지고', '~와 함께')" 표현에 쓰인다.

> **참고 ▶** 타동사의 목적어가 차나 우유, 물, 빵과 같이 전체의 일부분을 의미하는 경우에는 소유격을 쓴다("부분 소유격").
>
> 물 좀 주세요. Дайте, пожалуйста, воды.
> 나는 우유를 조금 마셨다. Я выпил молока.
> 나는 약간의 버터와 빵을 샀다. Я купил масла и хлеба.

예제

1. 이 만두는 뭐가 들었죠?
- 만두 пельмени[복](고기만두)
- ~가 들어있는 с чем

> С чем эти пельмени?

2. 제가 당신과 함께 가도 되겠습니까?

> Можно мне пойти с вами?

3. 그들이 여행가방과 짐 꾸러미들을 들고 나타났다.
- 트렁크, 여행가방 чемодан
- 짐 꾸러미 пакет
- 나타나다(출현) являться/явиться

> Они явились с чемоданами и пакетами.

4. 그녀는 큰 관심을 갖고 내 이야기를 들었다.
- 관심 интерес; внимание
- (주의하여)듣다 слушать/послушать

> Она слушала меня с большим интересом.

러시아어 표현

Дайте ему чаю с лимоном.

08 싸울만한 이유가 아무 것도 없다.

어휘 및 표현

- 논쟁, 말다툼 спор; ссора
- 이유 причина; основание(근거); повод(원인)
- 아무런 ~도(없다) никакой
- ~하기 위한 для *чего*
- ~이 없다 нет *кого-чего*

해설

'~이 없다'를 뜻하는, 즉 대상의 존재를 부정하는 표현에는 술어 нет(과거는 не было, 미래는 не будет)가 소유격 형태의 명사와 함께 사용된다("부정 소유격").

예제

1. 이 숲에는 버섯이 없다고 한다.
- 숲 лес
- 버섯 гриб
- ~라고들 말한다("불특정인칭문") говорят, что
- ~이 없다 нет *кого-чего*

> Говорят, что в этом лесу нет грибов.

2. 그는 화낼 이유가 없다.
- 이유 причина
- 화내다 сердиться/рассердиться

> У него нет причин сердиться.

3. 나는 오늘은 집에 있을 생각이 없다.
- 기분, 마음 настроение
- 집에 (틀어박혀)있다 сидеть дома

> У меня нет настроения сидеть сегодня дома.

4. 내가 대학에 다닐 적에는 그런 것은 없었다.

- 배우다, 학생이다 учиться[불완]
- 그러한 것 такой(그러한, 그와 같은) 〉 такое
- ~가 …할 때에 когда
- ~이 없었다 не было *кого-чего*

> Когда я учился в университете, такого не было.

5. 제가 사무실을 비운동안 누가 전화했었나요?

- 사무실 офис
- 누구든 кто-нибудь
- 전화를 걸다 звонить/позвонить

> Кто-нибудь звонил, когда меня не было в офисе?

6. 나는 비가 오지 않을 거라 생각되었다.

- ~라 생각되다, 여겨지다 (*кому*)казаться/показаться
- ~이 없을 것이다 не будет *кого-чего*

> Мне казалось, что дождя не будет.

러시아어 표현

> Нет никаких причин для спора.

09 │ 우리는 머물만한 곳이 없었다.

어휘 및 표현

- 머물다, 체재하다 останавливаться/остановиться; оставаться/остаться
- ~할 곳이 없다 (*кому*)негде

해설

부정소사 не가 부사에 부가된 형태의 부정부사(некогда; негде; некуда; незачем...)는 시간이나 장소, 원인, 조건 등의 부재를 뜻하는 술어로 사용 된다:

- некогда '~할 시간이 없다'
- негде '~할 곳이 없다'
- некуда '~할 곳(목적지)이 없다'
- незачем '~할 이유가 없다' 등등.

이때 논리적 주어는 수여격이 되며 과거와 미래시제에는 각각 **было, будет**이 조동사로 사용된다.

예제

1. 나는 오늘은 시간이 없다.
- ~할 시간이 없다 некогда

> Мне сегодня некогда.

2. 이곳에는 밤을 지낼만한 데가 없다.
- 밤을 지내다, 묵다 переночёвывать/переночевать
- 여기에 здесь; тут
- ~할 곳이 없다 негде

> Тут негде переночевать.

3. 그는 일요일에 갈 곳이 없었다.
- 일요일 воскресенье
- 가다 идти/пойти
- ~할 곳(목적지)이 없다 некуда

> Ему некуда было пойти в воскресенье.

4. 당신은 그곳에 다닐 필요가 없어요.
- 다니다 ходить [다방향]
- 거기로 туда
- ~할 이유가 없다 незачем

> Незачем вам туда ходить.

러시아어 표현

Нам негде было остановиться.

10 나는 기념으로 그에게 선물할만한 것이 없었다.

어휘 및 표현

- 기념, 기억, 추억 память[여]
- 기념으로 선물하다 дарить/подарить *кому* на память
- ~할 것(대상)이 없다 нечего

해설

부정 대명사 нечего, некого는 "행위 대상"의 부재를 나타내며('~할 것이 없다, ~할 사람이 없다'), 문장에서의 역할에 따라서 격이 변화한다.
반면 "행위의 주체"가 부재하는 경우에는('행할 사람이 없다') 수여격 некому가 사용된다.

예제

1. 나는 여기에서 더 이상 할 일이 없다.

- 하다, 행하다 делать/сделать
- 더 이상 больше

> Мне тут больше нечего делать.

2. 물건은 많은데 살 것은 없다.

- 상품 товар; продукт
- 사다, 구입하다 покупать/купить

> Товаров много, а купить нечего.

3. 거기에는 이에 대해 물어볼 사람이 없었다.
- 묻다, 물어보다 спрашивать/спросить *кого о чём*
- 거기에 там

> Там некого было спросить об этом.

4. 소년은 함께 놀 사람이 없다.
- 소년 мальчик
- 놀다 играть/сыграть
- ~와 함께 с *кем*

> Мальчику не с кем играть.

5. 그는 상의할 사람이 없다.
- 상담, 상의하다 советоваться/посоветоваться с *кем*

> Ему не с кем посоветоваться.

6. 우리는 무엇에 대해서도 말할 것이 없다.
- ~에 관해 말하다 говорить/сказать о *чём*

> Нам не о чём говорить.

7. 상점에 갈 사람이 없었다.
- 상점 магазин
- 가다 идти/пойти
- 행위를 수행할 사람(행위주체)이 없다 некому

> Некому было пойти в магазин.

8. 아이를 돌볼 사람이 없었다.
- 아이 ребёнок
- 돌보다, 보살피다 заботиться/позаботиться о *ком-чём*; ухаживать [불완] за *кем-чем*

> Некому было заботиться о ребёнке.

러시아어 표현

Мне нечего было подарить ему на память.

11 우리는 온종일 쉬지 않고 일했다.

어휘 및 표현

- 휴식 отдых; передышка(한숨 돌림)
- 하루 종일 весь день; целый день
- 일하다 работать[불완]
- ~없이 без *чего*

해설

전치사 без가 "부재('~가 없는', '~없이')" 표현에 쓰인다.

예제

1. 무색무취의 물

- 물 вода
- 색 цвет
- 냄새 запах
- ~가 없는 без *чего*

> Вода без цвета и без запаха.

2. 나는 무일푼이 되었다.

- 돈 деньги[복]
- 푼(적은 돈) копейка('코페이카'); грош('반 코페이카')
- 어떤 상태가 되다 оставаться/остаться

> Я остался без копейки денег.

3. 말할 나위 없이 분명하다.

- 말 слово; речь[여]
- 분명한 ясный; очевидный

> Это ясно без слов.

러시아어 표현

Весь день мы работали без отдыха.

연습문제

01 이것에 관해 어떠한 정보라도 있습니까?

02 마샤는 긴 머리와 푸른 눈을 가졌다.

03 이 곳은 이따금 지진이 일어난다.

04 그에게 장애물이란 없다.

05 그는 참관인의 자격으로 회담에 참석했다.

06 이 기사에는 흥미로운 사실들이 들어있다.

07 짐꾼과 함께 수하물 취급소로 가십시오.

08 내일 날씨가 나빠질 것이라고 예상할만한 근거가 없다.

09 물건들을 둘 곳이 없다.

10 나는 이에 대해 대답할 것이 없다.

11 의심할 여지없이 그러하다.

어휘 및 표현

01 정보 сведения[복]; информация   어떠한 것이든 какой-нибудь
   있습니까? есть ли...?

02 머리칼, 모발 волосы[복]   눈 глаз(복 глаза)
   긴 длинный   푸른, 하늘색의 голубой

03 지진 землетрясение   때때로, 가끔 иногда
   있곤 하다 бывать; встречаться

04 장애, 장애물 препятствие; барьер   존재하다 существовать

05 관찰자, 참관인 наблюдатель[남]; обозреватель[남]
   회담 переговоры[복]; встреча; беседа   ~로서(자격) в качестве кого
   참석하다 присутствовать

06 기사 статья   사실 факт; данные[중, 복](자료)
   흥미로운 интересный; увлекательный
   포함되어있다 содержаться[불완]

07 짐꾼, 포터 носильщик   (여객)수하물 багаж
   수하물 담당 부서, 수하물 취급소 багажное отделение   ~와 함께 с кем

08 근거, 이유 основание; причина
   악화되다 ухудшаться/ухудшиться; становиться/стать хуже
   예상하다 предполагать/предположить   ~이 없다 нет кого-чего

09 물건 вещь[여]   두다 класть/положить; ставить/поставить(세워두다)
   ~할 곳(목적지)이 없다 (кому)некуда

10 ~에 대답하다 отвечать/ответить на что   ~할 것이 없다 нечего

11 의심 сомнение; подозрение(혐의)   ~없이 без чего

유머 한마디

Два старика разговаривают.
- Врач сказал, что у меня склероз, ревматизм, стенокардия, диабет......
- Хватит, хватит! Скажи лучше, чего у тебя нет!
- Зубов.

07 조건과 모순관계 표현

만일 ~한다면
비록 ~하더라도

если	만약 ~한다면
раз	~라면
если бы~, ...бы	~라면 ...했을 텐데
при *чём*	~한 때라면
с *чем*	~가 있다면
без *чего*	~가 없다면
хотя	비록 ~이지만
как ни	어떻게 (강하게) ~하더라도
сколько ни	아무리 (오래, 여러 번) ~하더라도
несмотря на *что*	~에도 불구하고

행위 실현을 위한 "조건('만약 ~한다면')"을 나타내기 위해 접속사 если 등이 사용된다.
한편 좋은 조건임에도 불구하고 행위가 일어나지 않았다거나, 형편이 좋지 못한데도 불구하고 행위가 일어난 경우에서와 같은 "조건과 결과간의 모순관계(' ~에도 불구하고, 비록 ~이지만')"를 표현하기 위해서는 접속사 хотя 등을 사용한다.

01 만약 네가 오늘 집에 늦게 온다면 넌 혼자서 저녁을 먹어야 할 거야.

어휘 및 표현

- 오다, 도착하다(걸어서) приходить/прийти
- 저녁을 먹다 ужинать/поужинать
- ~하지 않으면 안 되다(원하지 않더라도) (кому)приходиться/прийтись
- 늦게 поздний(때늦은) > поздно
- 집으로 домой
- 홀로, 혼자서 один(одна)
- 만약 ~한다면 если

해설

행위가 실현되기 위한 "실제적인 조건"을 표현하기 위해서는 접속사 если('만약 ~했다면', '만약 ~라면', '만약 ~한다면')를 사용한다.

예제

1. 네가 이미 문제를 모두 다 풀었다면 집으로 가도 좋아.

- 문제 вопрос; задача(과제)
- 풀다, 해결하다 решать/решить
- 만약 ~한다면 если

> Если ты уже решил все задачи, можешь идти домой.

2. 원치 않으면 산책하러 가지마.

- 원하다 хотеть/захотеть; желать/пожелать

> Если не хочешь, не иди гулять.

3. 만약 그를 보게 되면 내가 그에게 이야기할거야.

- 보다(보이다) видеть/увидеть
- 말하다 говорить/сказать
- ~라면 раз; если; когда

> Если я увижу его, я ему скажу.

4. 만약 내가 부자가 된다면 나는 세계일주를 떠날 것이다.
- 부자 богатый(부유한) 〉 богатый[명]
- 세계일주여행 кругосветное путешествие
- 여행을 떠나다 отправляться/отправиться в путь(; в путешествие)

> Если я буду богатым, я отправлюсь в кругосветное путешествие.

러시아어 표현

> Если ты придёшь сегодня домой поздно, тебе придётся ужинать одному.

02 만약 저를 찾으면 제가 곧 돌아온다고 말해 주세요.

어휘 및 표현

- (누가 있는지 없는지를) 묻다 спрашивать/спросить *кого*
- (되)돌아오다 вернуться[완]; возвращаться/возвратиться
- 말하다 говорить/сказать
- 곧 сейчас; скоро

해설

행위자가 명시되지 않는 "불특정인칭문"은 주어 없이 동사 3인칭 복수형을 사용한다.

> **러시아어 표현**

Если меня будут спрашивать, скажите, что я сейчас вернусь.

03 | 물은 100도 까지 가열하면 끓기 시작한다.

> **어휘 및 표현**

- 도(온도의) градус
- 데우다, 가열하다 нагревать/нагреть; согревать/согреть
- 시작하다 начинать/начать
- 끓다(물이) кипеть[불완]
- ~까지(정도) до чего

> **해설**

주어 없이 일반적인 현상을 나타내는 조건문에서는 если 다음에 동사 원형을 사용한다. если가 이끄는 조건절이 주절 앞에 올 때, 주절에는 접속사 то; тогда 등이 쓰일 수 있다.

> **예제**

1. 절약한다면 돈은 충분할거야.
    - 돈 деньги[복]
    - 절약하다 экономить/сэкономить
    - 충분하다 хватать/хватить[무인동] чего

Если экономить, то денег хватит.

> **러시아어 표현**

Если нагревать(; нагреть) воду до 100 градусов, она начинает(; начнёт) кипеть.

04 | 벨소리에 아무도 대답이 없으면 아마도 그들이 집에 없는 거다.

어휘 및 표현

- 벨, 초인종 звонок
- 그 누구도(~않다) никто
- 대답하다 отвечать/ответить на *что*
- ~이 없다 нет *кого-чего*
- 아마도 по-видимому[삽입어]
- ~라면 раз(='если')

해설

존재를 부정하는 표현에서 주체는 소유격을 쓴다("부정소유격").
접속사 раз는 если와 같은 뜻으로서, 특히 조건과 결과가 "논리적인 관계"에 있을 때 사용된다.
또한 если와 같은 뜻으로서, "시간의 뉘앙스"가 부가된 접속사 когда를 쓸 수도 있다.

예제

1. 피곤하시면 일을 끝냅시다.

- 지치다, 싫증나다, 피로해지다 уставать/устать
- 끝내다(마무리) заканчивать/закончить
- ~합시다 (Давайте)+буд.СВ; Давайте+инф.НСВ

> Раз вы устали, закончим работу.

2. 그가 오거든 이걸 그에게 돌려주세요.

- 되돌려주다(반환) отдавать/отдать; вернуть[완]

> Отдайте ему это, когда он придёт.

3. 수업이 끝나거든 학교에서 기다리고 있어.

- 수업 урок; занятия[복]

- 끝나다 кончаться/кончиться; заканчиваться/ закончиться
- 기다리다 ждать/подождать

> Когда закончатся занятия, жди меня в школе.

러시아어 표현

По-видимому, их нет дома, раз никто не отвечает на звонок.

05 우리가 집에서 5분만 더 일찍 나왔더라면 기차를 놓치지는 않았을 텐데.

어휘 및 표현

- 나오다(걸어서) выходить/выйти
- 기차 시간에 늦다 опаздывать/опоздать на поезд
- 더 일찍 рано 〉 раньше
- 집으로부터 из дому; из дома
- 5분만큼 на 5 минут
- ~라면 …했을 텐데 если бы~, …бы

해설

가능한 실제조건을 나타내는 если와 달리, "если бы~, …бы"는 "비실제적인 조건('~라면 … 했을 텐데')"을 나타낸다. бы의 영향으로 주절과 종속절의 동사는 모두 의미에 관계없이 형태적으로 과거형이다.

예제

1. 그는 가능했더라면 어제 왔을 것이다('그는 오지 않았다').

- 할 수 있다 мочь/смочь
- ~라면 …했을 텐데 если бы~, …бы

> Если бы он мог, он пришёл бы вчера.

2. 만약 제가 당신의 입장이었다면 저는 그렇게 행동하지 않았을 거예요.
   - 입장 место; позиция; положение
   - 당신의 입장에서 на вашем месте
   - 행동하다 поступать/поступить; действовать[불완]; вести себя
   - 그렇게 так

> Если бы я был на вашем месте, я так бы не поступил.

3. 그가 나에게 이 일을 얘기한다면 내가 도와줄 텐데('그는 얘기하지 않는다').
   - 돕다 помогать/помочь

> Если бы он сказал мне об этом, я бы помог.

러시아어 표현

Если бы мы вышли из дому на 5 минут раньше, то не опоздали бы на поезд.

06 만약 제가 우연히 당신을 만나지 못했더라면 저는 지금까지도 이에 대해 아무 것도 몰랐을 겁니다.

어휘 및 표현

- 아무 것도(~않다) ничто
- 알다 знать[불완] что(; о чём)
- 우연히 случайно
- 지금까지 до сих пор; до сего времени; до этого
- 만나다, 마주치다 встречать/встретить кого

해설

이미 상대방을 만나 사실을 알게 된 상황이므로 '만약 당신을 만나지 못했더라면…'은 비실제적인 조건에 해당된다. 그러므로 если бы~, …бы 사용.

러시아어 표현

Если бы я не встретил вас случайно, я до сих пор ничего бы не знал об этом.

07 원한다면 이 일은 언제든 할 수 있다.

어휘 및 표현

- 바람, 희망 желание; надежда
- 할 수 있다 (*кому*)можно+инф.; мочь/смочь+инф.
- 하다 делать/сделать
- 언제든지 всегда; в любое время; когда-нибудь; когда угодно
- ~한 때라면 при *чём*

해설

전치사구 при *чём* 이 '~한 때라면'의 의미로 조건표현에 쓰일 수 있다:
- 희망하면 при желании
- 날씨가 좋으면 при хорошей погоде
- 불이 나면 при пожаре
- 기회가 있으면 при случае

예제

1. 화재 시 전화 01.

- 화재, 불 пожар
- 전화를 걸다 звонить/позвонить (по телефону)
- ~한 때라면 при *чём*

> При пожаре звоните (по телефону) 01.

러시아어 표현

При желании это всегда можно сделать.

08 | 네가 도와준다면 나는 이 일을 수행할거야.

어휘 및 표현

- 도움 помощь[여]
- 이행하다, 수행하다, 이루다 выполнять/выполнить; исполнять/исполнить
- ~가 있다면 с *чем*

해설

전치사구 с *чем* 이 '~가 있다면'의 의미로 조건표현에 쓰일 수 있다:
- 네가 도와준다면 с твоей помощью

예제

1. 사전이 있다면 난 이 기사를 번역할 수 있을 거야.
- 사전 словарь[남]
- 기사 статья
- 번역하다 переводить/перевести
- ~가 있다면 с *чем*

> С помощью словаря я смогу перевести эту статью.

러시아어 표현

С твоей помощью я выполню эту работу.

09 이번 비가 아니었다면 작황은 전멸할 수도 있었다.

어휘 및 표현

- 비 дождь[남]
- 작황, 수확 урожай
- 할 수 있다, 가능하다 мочь/смочь
- 망하다, 멸망하다 гибнуть/погибнуть; уничтожаться/уничтожиться(절멸되다)
- ~했을 것이다(가정) бы
- ~가 없다면 без чего

해설

전치사구 без чего 가 '~가 없다면'의 의미로 조건 표현에 쓰일 수 있다:
- 이번 비가 아니었다면 без этого дождя
- 네가 도와주지 않는다면 без твоей помощи

예제

1. 친구가 없다면 세상 살기 어렵다.
- 친구 друг(복 друзья)
- 세상 свет; мир(세계)
- 살다 жить[불완]
- 어려운, 힘든 трудный; тяжёлый

> Без друзей трудно жить на свете.

러시아어 표현

Без этого дождя урожай мог бы погибнуть.

10 | 그들이 마지막으로 만난 이후 수년이 지났지만 그들은 서로를 바로 알아보았다.

어휘 및 표현

- 만남 встреча; свидание
- 서로 서로를 друг друга
- (시간이)경과하다 проходить/пройти
- 알아보다 узнавать/узнать
- 마지막의 последний
- 바로, 즉시 сразу; немедленно; тотчас
- ~이래(시간) со времени *чего*; с тех пор, как
- 비록 ~이지만 хотя

해설

조건과 결과가 서로 모순 되는 관계를 표현하기 위해서는 접속사 хотя(구어체형 хоть)가 쓰인다. 종속절과 주절이 의미상 모순관계이므로, хотя가 이끄는 조건의 종속절 뒤에서 반의 접속사 но, однако 등이 주절에 쓰일 수 있다. 또한 пусть('~라고 할지라도') 역시 구어체에서 이러한 모순관계 표현에 사용된다.

예제

1. 비록 정확히는 모르지만 나는 그렇다고 생각해.

- 알다 знать[불완]
- 정확히 точно
- 생각하다 думать/подумать
- 비록 ~이지만 хотя; хоть; пусть

> Хотя я точно не знаю, но я думаю, что это так.

2. 그가 왔더라도 저는 지금 그와 만날 수 없습니다.
- 만나다(상호) встречаться/встретиться с кем
- ~라 할지라도 и

> Хоть он и пришёл, я не могу с ним сейчас встретиться.

3. 이 일이 재미없다 하더라도 할 필요는 있어.
- 하다, 행하다 делать/сделать
- ~할 필요가 있다 нужно(; надо)+инф.
- 재미없는 неинтересный; скучный

> Пусть эта работа и не интересная, но её нужно сделать.

러시아어 표현

Хотя со времени их последней встречи прошло много лет, они сразу узнали друг друга.

11 비록 힘들지만 우린 중도에 멈추지 않을 겁니다.

어휘 및 표현

- 멈추다 останавливаться/остановиться
- 힘든, 어려운 трудный; тяжёлый
- 중도에 на полпути; на полдороге

러시아어 표현

Хоть нам трудно, мы не остановимся на полпути.

12 그렇다 하더라도 그래도 난 그가 의도적으로 이걸 했다고는 믿지 않아.

어휘 및 표현

- 믿다 верить/поверить
- 하다, 행하다 делать/сделать
- 의도적으로 умышленно(고의로); намеренно; нарочно(일부러)
- 그래도 всё-таки; всё же

해설

조건과 결과 사이의 모순관계를 강조하기 위해서 주절에 всё же; всё-таки; всё равно('그래도 역시'); тем не менее('그럼에도 불구하고') 등을 부가할 수 있다.

러시아어 표현

Пусть так, но я всё-таки не верю, что он это сделал умышленно.

13 내가 어떻게 설득을 해도 그는 여전히 듣지 않았어요.

어휘 및 표현

- 설득하다 уговаривать/уговорить; убеждать/убедить
- 듣고 따르다, 순응하다 слушаться/послушаться *кого-чего*
- 아무리 ~해도, 어떻게 ~하더라도 как ни

해설

хотя로 표현되는 모순관계는 행위의 질적 특성을 강조한 "как ни('어떻게 ~해도, 아무리~해도')"나 행위의 양적 특성을 강조한 "сколько ни('아무리 오래, 여러 번 ~해도')"로 강조될 수 있다:

- 아무리 (강하게) 설득했어도 как ни уговаривал
- 아무리 애석해도 как ни жаль
- 아무리 피곤해도 как ни устал

예제

1. 아무리 피곤하더라도 공부해야한다.

- 지치다, 피로해지다 уставать/устать
- 공부하다 заниматься/заняться; учиться[불완]
- ~해야 한다 нужно(; надо)+инф.
- 아무리 ~해도, 어떻게 ~하더라도 как ни

> Как ни устал, всё равно надо заниматься.

2. 헤어지기가 아무리 섭섭하더라도 이제 난 가야할 시간이야.

- (~할 적당한)시간, 때 пора
- 헤어지다 расставаться/расстаться; расходиться /разойтись
- 섭섭하다(아쉽다) жаль

> Как ни жаль расставаться, мне пора идти.

러시아어 표현

Как я ни уговаривал его, он всё равно не послушался.

14. 너희들이 아무리 내게 증명해보아야 난 여기에 동의하기 힘들어.

어휘 및 표현

- 증명하다 доказывать/доказать(증거를 대다); свидетельствовать/засвидетельствовать(확인하다)
- 동의하다 соглашаться/согласиться с *кем-чем*
- 아무리 (오래, 여러 번)~해도 сколько ни

해설

조건과 결과가 모순관계에 있을 때 행위의 양적 특성(지속 정도나 반복성)을 강조하려면 "сколько ни('아무리 오래, 아무리 여러 번 ~해도')" 구문을 사용하는데, 이때 결합하는 동사는 주로 불완료상이다:

- 아무리 증명해 보여도 Сколько ни доказывайте
- 내가 아무리 생각해 봤어도 Сколько я ни думал
- 내가 아무리 설명을 했어도 Сколько я ни объяснял

예제

1. 아무리 생각해봤어도 난 무엇 하나 생각해낼 수 없었어.

- 아무 것도(~않다) ничто
- 생각하다 думать/подумать
- 생각해내다 придумывать/придумать(고안하다); выдумывать/выдумать(고안하다); припоминать/припомнить(상기하다)
- 아무리(오래, 여러 번)~해도 сколько ни

> Сколько я ни думал, я так ничего придумать не смог.

러시아어 표현

> Сколько вы мне ни доказывайте, мне трудно с этим согласиться.

15 | 우리의 모든 충고에도 불구하고 그는 결국 떠나갔다.

어휘 및 표현

- 충고 совет
- 떠나다(차로) уезжать/уехать
- 그래도 역시 всё-таки; всё же
- ~에도 불구하고 несмотря на *что*

해설

모순관계를 나타내는 전치사구로 "несмотря на *что*('~에도 불구하고')"가 있다:
- 우리의 모든 충고에도 불구하고 несмотря на все наши советы
- 늦은 시간인데도 불구하고 несмотря на поздний час
- 비가 오는데도 불구하고 несмотря на дождь

한편, 복문에서는 "несмотря на то, что" 구문으로 사용된다.
또한 이러한 모순관계를 표현하는 전치사구로는 "несмотря на *что*('~에도 불구하고')" 외에도 "вопреки *чему*('~에 반하여')", "независимо от *чего*('~에 관계없이')" 등이 있다.

예제

1. 늦은 시간인데도 거리는 사람들로 붐볐다.
- 사람들, 군중 люди[복]; народ[집합]
- 늦은 поздний
- ~에도 불구하고 несмотря на *что*

> Несмотря на поздний час, на улице было много народу.

2. 비가 오는데도 그가 올까요?
- 어떻게 생각하세요? Как вы думаете,...

> Как вы думаете, он придёт несмотря на дождь?

3. 날씨가 나빠졌는데도 불구하고 축구경기는 진행되었다.

- 날씨 погода
- 축구경기 футбольный матч
- 나빠지다 портиться/испортиться; ухудшаться/ухудшиться
- 행해지다 состояться[완]
- …가 ~한데도 불구하고 несмотря на то, что ~

> Несмотря на то, что погода испортилась, футбольный матч состоялся.

4. 그는 항상 상식과 반대로 행동한다.

- 상식 здравый смысл
- 행동하다 поступать/поступить; действовать[불완]: вести себя
- 항상 всегда; всё время
- ~에 반하여, 거슬러서 вопреки *чему*

> Он всегда поступает вопреки здравому смыслу.

5. 우리는 그의 의견에 관계없이 맡은 일을 수행하기로 결심했다.

- 과제, 임무 задание; задача
- 의견 мнение
- 결심하다 решать/решить
- 수행하다 выполнять/выполнить; исполнять/исполнить
- ~에 관계없이 независимо от *чего*

> Мы решили выполнить задание независимо от его мнения.

러시아어 표현

Несмотря на все наши советы он всё-таки уехал.

연습문제

01 비가 그친다면 우리는 내일 여행을 떠날 것이다.

02 새로운 방식으로 일한다면 계획 이상의 성과를 거둘 수 있다.

03 너무 비싸거든 사지 마세요.

04 너희들이 제시간에 왔더라면 우리가 일을 끝낼 수 있었을 텐데.

05 건축가가 안 되었다면 그는 화가가 되었을 것이다.

06 우리는 정상에 오르기를 원했지만 그럴 수 없었다.

07 그는 우수한 성적으로 학교를 졸업하고도 대학에 들어갈 수 없었다.

08 제가 시간은 없지만 당신을 도울 각오는 되어 있습니다.

09 우리가 아무리 애를 쓴다 해도 그는 역시 만족하지 않을 거야.

10 아무리 이 사람이 네 마음에 든다 해도 자신의 감정을 드러내 보일 필요는 없어.

11 아무리 그에게 전화를 해도 그의 집은 계속 통화 중이었다.

12 늦은 밤인데도 불구하고 그는 다음날 하려는 보고에 관한 작업을 계속했다.

13 도시집중화 과정은 이러한 경향을 약화시키려는 정부의 노력에도 불구하고 최근 몇 년간 강화되고 있다.

어휘 및 표현

01 멎다, 그치다 переставать/перестать; прекращаться/прекратиться
여행을 떠나다 отправляться/отправиться в путь(; в путешествие)
만약 ~한다면 если; раз

02 계획 план; проект
(예정)이상으로 수행하다, 초과 달성하다 перевыполнять/перевыполнить
새로운 방식으로, 새롭게 по-новому

03 사다, 구입하다 покупать/купить
비싼 дорогой
너무, 지나치게 слишком

04 (걸어서)오다 приходить/прийти
완성하다, 끝내다 заканчивать/закончить; оканчивать/окончить
할 수 있다 мочь/смочь
제시간에 вовремя
…라면 ~했을 텐데 если бы…, ~бы

05 화가 художник; живописец
건축가 архитектор; строитель(기사)
~가 되다 быть *кем*; стать *кем*

06 정상 вершина; верх
오르다(위로) подниматься/подняться; всходить/взойти
원하다 хотеть/захотеть; желать/пожелать
비록 ~이지만 хотя; хоть

07 졸업하다, 끝마치다 кончать/кончить; оканчивать/окончить
입학하다 поступать/поступить
우수한 성적으로 с отличием

08 ~이 없다 нет *кого-чего*
돕다 помогать/помочь *кому*
준비된, 각오가 된 готовый(готов)

09 애쓰다, 노력하다 стараться/постараться; усиливаться[불완]
불만족한 недовольный(недоволен)
그래도 역시 всё же; всё-таки; всё равно
아무리 (강하게) ~해도 как ни

어휘 및 표현

10. 감정 чувство; эмоция
   마음에 들다 (кому) нравиться/понравиться
   나타내다(보이다) показывать/показать; обнаруживать/обнаружить; проявлять/проявить
   ~할 필요 없다 не надо(; не нужно; не стоит)+ниф.

11. 전화를 걸다 звонить/позвонить кому
   통화 중 линия занята; занято у кого
   계속하여 всё время
   아무리 (오래, 여러 번)~해도 сколько ни

12. 보고 доклад(공식적); отчёт(개인적)
   하다 делать/сделать
   계속하다 продолжать/продолжить
   ~에 대한 작업을 하다 работать над чем
   ~하려 하다 собираться/собраться
   늦은 поздний
   다음의 следующий
   다음 날에(예정) на следующий день
   ~에도 불구하고 несмотря на что

13. 도시집중화 урбанизация
   과정 процесс; ход
   경향 тенденция
   정부 правительство; государство
   노력 усилие; старание
   약화시키다 ослаблять/ослабить
   강화되다 усиливаться/усилиться
   최근의 последний; недавний

유머 한마디

Учительница:
- Пэт, если у тебя есть доллар и ты попросишь у брата ещё один доллар, сколько у тебя будет денег?
- Один доллар, мисс.
- Ты плохо знаешь математику.
- Это вы плохо знаете моего брата.

08 목적 표현 ~하기 위하여

чтобы	~하기 위하여, ~하도록
동사원형	~하기 위하여
за *чем*	~을 가지러
для *чего*	~하기 위해
на *что*	~하러, ~하려고

행위의 목적('~하기 위하여')을 표현하기 위해서는 접속사 **чтобы**나 전치사 **для** *чего*, **на** *что*를 사용할 수 있다.

01 나는 신선한 공기를 마시기 위해 창문을 열었다.

어휘 및 표현

- 공기 воздух
- 호흡하다, 숨쉬다 дышать/дохнуть *чем*; подышать(완) *чем*
- 열다 открывать/открыть
- 신선한 свежий
- ~하기 위하여 чтобы

해설

목적을 나타내는 접속사는 чтобы('~하기 위하여') 뿐이다. чтобы가 이끄는 종속절의 동사는, 행위의 주체가 주절의 주체와 동일하면 원형을, 주체가 상이하거나 무인칭문이라면 과거형을 쓴다.

예제

1. 나는 한국어를 배우러 어학당에 다닌다.
- 어학당, 언어과정 языковые курсы
- 다니다 ходить[다방향]
- 배우다 выучивать/выучить(습득하다);
    учиться/научиться *чему*; изучать/изучить(연구하다)
- ~하기 위하여 чтобы

> Я хожу на языковые курсы, чтобы выучить корейский язык.

2. 아이들은 교실을 꾸미려고 꽃을 가져왔다.
- 아이들 дети[복](단 ребёнок; дитя)
- 교실 класс
- 꽃 цветок; цветы[복]
- 가지고 오다 приносить/принести(휴대하여); привозить/привезти(수레 등으로)
- 장식하다 украшать/украсить

> Дети принесли цветов, чтобы украсить класс.

3. 나는 동생이 바로 볼 수 있게 편지를 탁자 위에 놓았다.
- 놓다 класть/положить; ставить/поставить(세워서)
- 보다(보이다) видеть/увидеть
- 곧바로 сразу (же); немедленно

> Я положил письмо на стол, чтобы брат сразу увидел его.

4. 꽃병은 쓰러지지 않도록 세워두세요.
- 꽃병 ваза
- 세워놓다 ставить/поставить
- 쓰러지다 падать/пасть(; упасть)

> Поставьте вазу так, чтобы она не упала.

러시아어 표현

Я открыл окно, чтобы подышать свежим воздухом.

02 그는 살찌지 않기 위해 흰 빵을 절대로 먹지 않는다.

어휘 및 표현

- 흰 빵 белый хлеб; батон(기다란)
- 살찌다 располнеть[완]; толстеть/потолстеть; полнеть/пополнеть
- 먹다 есть/съесть
- 전혀 ~않다 совсем не; ничуть не; нисколько не; далеко не

해설

'흰 빵을 먹지 않는다'처럼 타동사가 부정될 때 목적어는 소유격을 쓰는 것이 일반적이다 ('부정소유격').

러시아어 표현

Он совсем не ест белого хлеба, чтобы не располнеть.

03 기숙사에 들어가기 위해서는 통행증을 보여주어야 한다.

어휘 및 표현

- 기숙사 общежитие
- 통행증 пропуск
- 지나가다, 통행하다 проходить/пройти
- 보여주다 показывать/показать
- ~해야 한다 (*кому*) нужно(; надо)+инф.; *кто* должен(а,о,ы)+инф.

해설

주절과 종속절 모두에 주체가 표현되지 않으며, 의미적으로는 두 절의 주체가 동일하므로 **чтобы**가 이끄는 종속절의 동사는 원형이다.

러시아어 표현

Чтобы пройти в общежитие, надо показать пропуск.

04 나는 아이가 지루하지 않도록 그림책을 주었다.

어휘 및 표현

- 아이 ребёнок; дитя
- 그림책 книга с иллюстрациями(; иллюстрированная книга); книжка с картинками
- 주다 давать/дать, дарить/подарить(선물로)
- 무료한, 지루한 скучный

해설

주절과 종속절의 주체가 다르므로 чтобы가 이끄는 종속절의 동사는 의미와 관계없이 과거형으로 사용된다.

러시아어 표현

Я дал ребёнку книжку с картинками, чтобы ему не было скучно.

05 방해받지 않고 이야기 좀 할 수 있게 다른 강의실로 옮깁시다.

어휘 및 표현

- 방해 помеха; препятствие
- 교실 аудитория(강의실); класс
- 이야기를 나누다 поговорить[완](잠시); разговаривать[불완]

- (걸어서)이동하다 переходить/перейти
- ~할 수 있다 (кому)можно+инф.; мочь/смочь+инф.
- 다른 другой; иной
- ~없이 без *чего*

해설

чтобы절이 주절과 달리 무인칭문이므로 чтобы절의 동사는 의미에 상관없이 과거형으로 사용된다.

참고 ▶ '~하자(~합시다)'의 표현
      давай(те)+инф.НСВ ⇒ 쉽시다. Давайте отдыхать.
      давай(те)+буд.СВ ⇒ 일을 시작합시다. Давайте начнём работать.
      буд.СВ(те) ⇒ 일을 시작합시다. Начнёмте работать.

러시아어 표현

> Давайте перейдём в другую аудиторию, чтобы можно было поговорить без помех.

06 저는 당신께 이를 알리려고 왔습니다.

어휘 및 표현

- 알리다 сообщать/сообщить *кому* о *чём*; извещать/известить *кого* о *чём*; осведомлять/осведомить *кого* о *чём*
- 오다 приходить/прийти(걸어서); приезжать/приехать(차로)

해설

주절의 동사가 '이동이나 공간상의 위치변화'를 의미하는 것(идти; ходить; лечь;

положить; дать; послать. 그리고 звать; приглашать)이라면 접속사 **чтобы**가 생략될 수 있다.

예제

1. 그는 책을 반납하러 도서관에 갔다.
- 돌려주다(반환) отдавать/отдать; вернуть[완]

> Он поехал в библиотеку отдать книгу.

2. 그는 쉬려고 누웠다.
- 쉬다(휴식) отдыхать/отдохнуть
- 눕다 ложиться/лечь

> Он лёг отдохнуть.

3. 나는 불을 켜려고 자리에서 일어났다.
- 자리 место
- 등, 등불 свет; лампа; лампочка
- 일어서다 вставать/встать
- 켜다 включать/включить(스위치를); зажигать/зажечь(불을)

> Я встал с места включить свет.

4. 우리는 레스토랑에서의 저녁식사 초대를 받았다.
- 초대하다 приглашать/пригласить
- 저녁 식사하다 ужинать/поужинать

> Нас пригласили поужинать в ресторане.

러시아어 표현

Я пришёл вам сообщить об этом.

07 약을 사러 약국에 다녀올까요?

어휘 및 표현

- 약 лекарство; средство
- 약국 аптека
- 갔다 오다 сходить[완](걸어서); съездить[완](차로)
- ~을 가지러, ~을 사러 за чем

해설

행위의 목적이 "무언가를 취하기 위한"것일 때 за чем('~을 가지러, 사러, 데리러') 을 사용한다.

예제

1. 책을 가지러 뛰어갔다 와야만 했다.
- ~하지 않으면 안 되다(원하지 않더라도) (кому)приходиться/прийтись
- 뛰어서 갔다 오다(왕복) сбегать[완]

> Пришлось сбегать за книгой.

2. 그녀는 빵을 사러 간다.

> Она идёт за хлебом.

3. 내가 너를 데리러 집으로 갈 거야.
- 잠시 들르다 заходить/зайти(걸어서); заезжать/заехать(차를 타고)

> Я заеду за тобой домой.

러시아어 표현

Сходить в аптеку за лекарством?

08 나는 자기만족을 위해(스스로 만족하기 위해) 이 일을 합니다.

어휘 및 표현

- 만족 удовольствие; удовлетворение
- 하다, 행하다 делать/сделать
- 자신의 свой
- ~을 위해(~하기 위해) для чего

해설

전치사구 для чего 와 на что 가 "행위를 의미하는 명사"와 함께 쓰이면서 '~하기 위해, ~하러'를 의미한다.

예제

1. 이 일을 하기 위해서는 시간이 필요하다.

- ~이 필요하다(대상) нужен(а,о,ы)
- ~을 위해(~하기 위해) для чего

> Для этой работы нужно время.

2. 나는 대학 입학 서류들을 준비했다.

- 입학 поступление
- 서류 документ
- 준비하다 готовить/приготовить

> Я приготовил документы для поступления в институт.

3. 광고를 위해 우리는 대중적인 신문을 골랐다.

- 광고, 선전 реклама
- 신문 газета
- 고르다, 선별하다 выбирать/выбрать; подбирать/подобрать

- 대중적인 популярный

> Для рекламы мы подобрали популярную газету.

러시아어 표현

> Я это делаю для своего удовольствия.

09 산책하러 공원에 갑시다.

어휘 및 표현

- 산책 прогулка; моцион
- 가다 идти/пойти(걸어서); ехать/поехать(차로)
- 갑시다 Давайте пойдём; Пойдёмте; Давайте идти
- ~을 위해(~하려고) на *что*

해설

на *что*('~을 위해, ~하려고') 구문은 "이동을 뜻하는 동사"와 주로 쓰인다.
또한 '~을 위해 돈이나 시간 등을 소비하다'의 의미일 때 на *что* 구문이 사용된다.

예제

1. 그는 치료를 위해 왔다.
- 치료 лечение; излечение(완치)　　• ~을 위해(~하려고) на *что*

> Он приехал на лечение.

2. 그는 먹는데 많은 돈을 쓴다.
- 먹는 것, 식사 еда

- 다량, 다수 масса
- 쓰다(소비) тратить/потратить; расходовать/израсходовать

> Он тратит массу денег на еду.

3. 그는 쓸데없는 일에 시간을 소비한다.

- 사소한, 시시한 일(물건) пустяк; мелочь[여]

> Он тратит время на пустяки.

참고▶ 전치사 для나 на 외에도 전치사 в가 행위를 의미하는 몇몇 특정 명사와 함께 목적표현('~하기 위해')에 쓰인다:

제본하러 в переплёт	수선하러 в починку
수리하러 в ремонт	세탁하러 в стирку

나는 이 책을 제본에 넘겼다. Я отдал эту книгу в переплёт.
나는 라디오를 수리 맡겨야 한다. Мне надо отдать радио в починку.
어디에 세탁을 줄 수 있죠? Куда можно отдать бельё в стирку?

러시아어 표현

Давайте пойдём в парк на прогулку.

연습문제

01 그녀는 잃어버리지 않으려고 우산을 손가방 안에 넣었다.

02 그들은 아이가 깨지 않게 조용히 이야기했다.

03 이 게임을 하기 위해서는 5명씩 두 그룹으로 나눠야한다.

04 어머니는 빛이 아이가 자는데 방해가 되지 않게 손수건으로 전등을 덮었다.

05 그는 방안이 춥지 않도록 창문을 닫았다.

06 우리는 수도를 구경하기 위해 모스크바에 도착했다.

07 그들은 쇼핑하러 가기로 결정했다.

08 그는 경기에 참가하기 위해(경기 참가를 위해) 왔다.

09 우리 선생님은 검사하기 위해 오늘 요약문을 가져가실 거다.

어휘 및 표현

01   우산 зонт; зонтик   손가방 сумка; сумочка   분실하다 терять/потерять
       ~속에 넣다 класть/положить во *что*   ~하기 위하여, ~하도록 чтобы

02   깨우다(잠을) будить/разбудить
       이야기를 나누다 разговаривать[불완]; поговорить[완](잠시)
       조용히 тихо

03   게임 игра   그룹 группа
       나누다, 분할하다 разделять/разделить на *что*, разбивать/разбить на *что*
       놀이, 승부를 하다 играть во *что*
       ~씩 по *чему*(; *что*)

04   손수건 (носовой) платок   전등 лампа; лампочка
       빛 свет   방해하다 мешать/помешать *кому-чему*
       잠자다 спать[불완]
       덮다, 씌우다 накрывать/накрыть; крыть/покрыть

05   방 комната   닫다 закрывать/закрыть   춥다 холодно

06   수도 столица; столичный город
       구경하다, 둘러보다 осматривать/осмотреть
       (차로)오다, 도착하다 приезжать/приехать

07   구입, 구입품 покупка   결정하다 решать/решить
       ~을 가지러, ~을 사러 за *чем*   쇼핑하러, 장보러 за покупками

08   경기 матч; соревнование   참가 участие в *чём*
       ~하기 위해 для *чего*; на *что*

09   개요, 요약 конспект; резюме   검사 проверка; осмотр
       가져가다 брать/взять; забирать/забрать   ~을 위해(~하려고) на *что*

유머 한마디

- Вовочка, если ты будешь хорошим мальчиком, то попадёшь в рай, а если плохим, то попадёшь в ад.
- А каким мне быть, бабушка, чтобы попасть в цирк?

09 비교, 비유 표현

~보다 더 …한
~처럼

похожий на *кого-что*	닮은
подобный *кому-чему*	유사한
отличаться от *кого-чего чем*	다르다, 구분 된다
в отличие от *чего*	~와 달리
по сравнению с *чем*	~와 비교하여
…(비교급), чем~	~ ~보다 더 …한
чем~, тем…	~할수록 …하다
как	~처럼, ~와 같이
так же…, как	~와 마찬가지로 …하다
как будто; будто; словно; точно	마치 ~인 것처럼, 흡사

제 9 과에서는 대상이나 행위들 간의 비교를 통한 유사성, 차이성, 비교급('더욱 ~한')의 표현을 배운다. 또한 비유적 표현('~처럼, 마치 ~인듯')도 함께 다룰 것이다.

01 당신은 형을 무척이나 닮았군요.

어휘 및 표현

- 형 (старший) брат
- 닮은, 유사한 похожий на *кого-что*; подобный *кому-чему*; сходный с *кем-чем*
- 매우 очень

해설

대상들 간의 유사성('닮은, 유사한, 비슷한')을 표현하기 위해 형용사 похожий(похож); подобный(подобен); сходный(сходен) 등을 사용한다.

또한 인물들이 매우 닮았음을 표현하기 위해서는 구어에서 вылитый *кто*; копия *кого* 가 사용되기도 한다:

- Он вылитый дядя. 그는 아저씨를 꼭 닮았다(아저씨 판박이다).
- Мальчик - точная копия своего отца. 소년은 자기 아버지를 빼 닮았다.

예제

1. 그들은 항상 혼동될 만큼 닮았다.

- 혼동하다 путать[불완]
- ~할 만큼 …하다 так…, что~
- 닮은, 유사한 похожий на *кого-что*; подобный *кому-чему*; сходный с *кем-чем*

> Они так похожи, что их всегда путают.

2. 이 아파트의 설계는 내 아파트의 것과 유사하다.

- 아파트 квартира
- 설계 планировка; планирование; проектирование

> Планировка этой квартиры подобна моей.

3. 본문에서 나는 의미상 유사한 두 단어와 마주쳤다.

- 본문, 텍스트 текст
- 단어 слово
- 의미 значение; смысл
- 의미상(영역) по значению
- 마주치다 встречать/встретить

> В тексте я встретил два слова, сходные по значению.

러시아어 표현

Вы очень похожи на брата!

02 당신은 뭔가 비슷한 걸 본적이 있습니까?

어휘 및 표현

- 보다(보이다) видеть/увидеть
- 무엇이든(무엇이건 간에) что-нибудь

러시아어 표현

Видели вы что-нибудь подобное?

03 그가 다른 사람들과 뭐가 다르지?

어휘 및 표현

- 다른(별개의) другой
- ~와 …의 차이가 있다, 다르다 отличаться/отличиться от *кого-чего чем*

해설

대상들 간의 차이(상이함)를 표현하기 위해 동사구 отличаться/отличиться от *кого-чего чем*('~와 …의 차이가 있다, 다르다')이나 전치사구 в отличие от *кого-чего*('~와 달리'), по сравнению с *чем*; в сравнении с *чем* ('~와 비교하여') 등을 사용할 수 있다.

예제

1. 그녀는 아름다운 목소리를 가진 점에서 그와 다르다
- 목소리 голос
- 차이가 있다, 다르다 отличаться/отличиться от *кого-чего чем*

> Она отличается от него хорошим голосом.

러시아어 표현

Чем он отличается от других?

04 | 다른 사람들과 달리 그는 단호하게 행동했다.

어휘 및 표현

- 행동하다 поступать/поступить; действовать[불완]; вести себя
- 단호하게 решительно('결연히'); твёрдо('굳건히')
- ~와 달리 в отличие от *кого-чего*

예제

1. 자신의 형과 달리 그는 항상 쾌활하다.
   - 쾌활한 весёлый; бодрый(원기 왕성한); жизнерадостный(낙천적인)
   - ~와 달리 в отличие от *кого-чего*

> В отличие от своего брата он всегда весёлый.

러시아어 표현

> В отличие от других он поступил решительно.

05 | 작년에 비해 인플레이션은 5% 성장했다.

어휘 및 표현

- 작년 прошлый год
- 퍼센트 процент
- 성장하다 расти[불완]; вырастать/вырасти; подрастать/подрасти(조금 성장하다)
- 인플레이션 инфляция
- ~만큼(차이) на *что*
- ~와 비교하여 по сравнению с *чем*; в сравнении с *чем*

예제

1. 다른 사람들에 비해 그는 상당히 박식하다.

- 박식한 начитанный(책을 많이 읽은); знающий(지식이 많은)
- 상당히 достаточно; довольно
- ~와 비교하여 по сравнению с *чем*; в сравнении с *чем*

> По сравнению с другими он достаточно начитан.

러시아어 표현

По сравнению с прошлым годом инфляция выросла на 5 процентов.

06 러시아어로 말하기는 읽기 보다 더 어렵다.

어휘 및 표현

- 말하다 говорить/сказать
- 읽다 читать/прочитать
- 러시아어로 по-русски; на русском языке
- 더 어려운 трудный 〉 труднее
- ~보다 더 …한 …(비교급), чем~

해설

대상이나 행위의 성질 정도에 따른 차이를 표현할 때는 형용사나 부사의 비교급('더욱 ~한')과 함께 접속사 чем('~보다')을 사용한다.
또한 비교 대상이 명사일 때는 чем 없이 명사 소유격을 사용할 수도 있다.

예제

1. 늦어도 전혀 하지 않는 것보다는 낫다.

- 때늦은 поздний
- 더 좋은 хороший 〉 лучший(; лучше)
- 결코 (~않다, 없다) никогда
- ~보다 чем

> Лучше поздно, чем никогда.

2. 크림이 모스크바보다 더 따뜻하다
- 더 따뜻한 тёплый 〉 теплее

> В Крыму теплее, чем в Москве.

3. 그는 나보다 키가 더 크다.
- 더 큰(키가) высокий 〉 высший(; выше)

> Он выше чем я.; Он выше меня.

러시아어 표현

Говорить по-русски труднее, чем читать.

07 나는 사랑보다 우정을 더 가치 있게 생각한다.

어휘 및 표현

- 사랑, 애정 любовь[여]
- 우정 дружба
- 가치를 인정하다, 중시하다 ценить[불완]; оценивать/оценить
- 더 크게 большой 〉 больше

러시아어 표현

Я больше ценю дружбу, чем любовь.(; Я предпочитаю дружбу любви.)

08 | 그녀는 이에 대해 생각하면 할수록 점점 더 걱정이 되었다.

어휘 및 표현

- 생각하다, 궁리하다 думать/подумать о *чём*(; над *чем*)
- 근심, 걱정하다 беспокоиться/обеспокоиться о *чём*; бояться[불완] *кого-чего*
- 더 많이, 더 크게 много, большой 〉 больше
- ~할수록 …하다 чем~(비교급), тем…(비교급)

해설

행위들이 "서로 비례하여 변화"하는 관계('~할수록 더욱 …하다')에 있을 때 "чем~(비교급), тем…(비교급)" 구문을 사용한다. 이 때 종속절('~할수록')은 항상 주절('더욱 …하다')의 앞에 오며, 종속절과 주절 모두에 형용사나 부사의 비교급이 사용된다.

예제

1. 일찍 오면 오실수록 더욱 좋습니다.
- 더 일찍 рано 〉 раньше
- 더욱 좋다 хорошо 〉 лучше

> Чем раньше вы придёте, тем лучше.

러시아어 표현

Чем больше она думала об этом, тем больше беспокоилась.

09 제가 당신께 가르쳐드린 대로 하도록 해보세요.

어휘 및 표현

- 가르치다 учить *кого чему*; обучать/обучить *кого чему*
- 하다, 행하다 делать/сделать
- 시도하다 пробовать/попробовать; пытаться/попытаться
- ~처럼, ~와 같이 как

해설

대상이나 행위를 다른 대상이나 행위에 비유적으로, 또는 비교하여 표현하고자할 때 "как('~처럼')"을 사용한다.

예제

1. 우리는 한 가족처럼 산다.

- 가족 семья; семейство
- 살다 жить[불완]
- ~처럼 как

> Мы живём как одна семья.

2. 버스가 거북이처럼 기어간다.

- 거북 черепаха
- 기다, 기듯이 가다 ползти[불완,일방향]

> Автобус ползёт как черепаха.

러시아어 표현

> Пожалуйста, попробуйте сделать, как я вас учил.

10 어제처럼 그렇게 일찍 일어나십시오.

어휘 및 표현

- 기상하다 вставать/встать
- 일찍 рано
- 제발 пожалуйста
- ~와 마찬가지로, ~와 똑같이 …하다 так же…, как~

해설

"так же…, как('~처럼 그렇게')"에서는 "как('~처럼')"을 사용했을 때보다 성질의 정도가 강조되는 효과가 있다. так же 뒤에는 동사나 부사, 형용사 단어미형 등이 오며, 형용사나 명사가 올 경우에는 "такой же…, как"이 사용된다.

예제

1. 그는 당신과 마찬가지로 그렇게 러시아어를 잘 합니다.

- 러시아어로 말하다 говорить по-русски
- ~와 마찬가지로…하다 так же…, как

> Он говорит по-русски так же хорошо, как и вы.

2. 설악산은 금강산처럼 그렇게 아름답습니다.

- 산 гора
- 아름다운 красивый

> Горы Сораксан такие же красивые, как и горы Кымгансан.

러시아어 표현

Встаньте, пожалуйста, так же рано, как и вчера.

11 그녀는 마치 그가 그녀의 친아들인양 그를 사랑한다.

어휘 및 표현

- 사랑하다 любить[불완]
- 육친의 родной
- 마치 ~인 것처럼, 흡사 как будто; будто; словно; точно

해설

'마치 ~인 것처럼, 흡사 ~인양'에서와 같이 "무언가 실제로 존재하지 않는 사실과 비교"할 때는 접속사 как будто; будто; словно; точно 등을 사용한다.
이 때 주절에는 так; такой와 같은 지시어들이 쓰일 수 있다.

예제

1. 그는 마치 그가 거기에 있었던 것처럼 이야기했다.

- 거기에 там
- 마치 ~처럼 как будто; будто; словно; точно

> Он говорил так, словно он там был.

2. 눈이 내려 마치 나무에 흰 꽃이 핀 것만 같았다.

- 꽃 цветок; цветы[복]
- 나무 дерево(복 деревья)
- (눈, 비가)내리다 выпадать/выпасть; падать[불완]
- (꽃이)피다, (봉오리가)트다 распускаться/распуститься; цвести[불완]; расцветать/расцвести
- ~인 듯하다, 여겨지다 казаться/показаться[무인동]

> Выпал снег и казалось, будто на деревьях распустились белые цветы.

러시아어 표현

> Она любит его так, как будто он её родной сын.

12 | 그를 마치 천둥처럼 무서워들 한다.

어휘 및 표현

- 천둥 гром
- 무서워하다 бояться[불완] *кого-чего*; страшиться[불완] *кого-чего*

해설

'무서워들 한다'는 행위자를 구체적으로 언급하지 않는 "불특정인칭문"으로서 주어 없이 동사 3인칭 복수형을 사용한다.

러시아어 표현

Его боятся точно грома.

연습문제

01 이 가족은 아이들이 모두 서로를 많이 닮았다.

02 나에게 무언가 그 유사한 일이 있었다.

03 모스크바는 건축양식이 다른 도시들과는 차이가 있다.

04 형과 달리 그는 활발하고 재치 넘치는 젊은이다.

05 모스크바와 비교하면 야로슬라블은 작은 도시이다.

06 나는 영어보다 러시아어를 더 잘 말한다.

07 그는 그녀보다 훨씬 더 젊다.

08 그는 바쁘면 바쁠수록 사적인 일들을 더 잘 잊어버린다.

09 약속한대로 내일 기숙사에서 모이자.

10 한국어는 일본어와 마찬가지로 막대한 수의 중국어 기원 차용어를 포함하고 있다.

11 나는 마치 쉬지 않고 온종일을 일한 것처럼 피곤했다.

12 그들은 마치 수년간 보지 못했던 것처럼 만남을 기뻐했다.

어휘 및 표현

01   가족 семья; семейство　　　　닮은 похожий на *кого-что*
　　　서로 서로를 닮다 похожи друг на друга

02   일어나다, 발생하다 случаться/случиться с *кем*
　　　무엇인가 нечто　　　　유사한 похожий; подобный; сходный
　　　"불특정 대명사" некто(어떤 사람)는 주격으로만, нечто(어떤 것)는 주격과 목적격으로만 사용된다:
　　　무엇인가 나쁜 것 ~плохое
　　　무엇인가 비슷한 것 ~похожее; ~подобное

03   도시 город　　　　건축술 архитектура
　　　다르다, 구분된다 отличаться/отличиться от *кого-чего чем*
　　　대상들을 비교할 때 그 기준이 되는 특성은 по *чему*로 표현한다:
　　　성격상 по характеру　　　의미상 по значению　　　형태상 по форме

04   활발한 живой; энергичный　　　　재치가 있는 остроумный; умный(영리한)
　　　젊은이, 청년 парень[남]; юноша[남]; молодой человек
　　　~와 달리 в отличие от *чего*

05   야로슬라블 Ярославль[남]　　　　크지 않은 небольшой
　　　~와 비교하여 по сравнению с *чем*; в сравнении с *чем*

06   러시아어로(; 영어로) 말하다 говорить по-русски(; по-английски)
　　　더 잘 хорошо > лучше
　　　~보다 더 …한 …(비교급), чем~

07   훨씬(비교급을 강조) гораздо; намного
　　　더 젊은 молодой > моложе
　　　그녀보다 더 젊다 моложе, чем она; моложе её

08   사적인 일 личное(; частное) дело
　　　잊다 забывать/забыть *кого-что*(; о *ком-чём*)
　　　바쁜 занятый(занят)
　　　더 많이 больше
　　　더 잘(자주) часто > чаще
　　　~할수록 …하다 чем~, тем…

09   기숙사 общежитие
　　　약속하다 договариваться/договориться; условливаться/условиться с *кем* о *чём*
　　　모이다 собираться/собраться

어휘 및 표현

~합시다 (давайте)+буд.СВ; давайте+инф.НСВ
~와 같이, ~처럼 как

10 기원 происхождение; возникновение(발생); начало
수, 수량 число[단]; количество
차용어 заимствованное слово
일본의 японский
중국의 китайский
막대한 огромный
포함하다 включать/включить; содержать[불완]
~와 마찬가지로 так же как

11 휴식 отдых
쉬지 않고 без отдыха
온종일 весь день; целый день
피로하다 уставать/устать
마치 ~처럼 как будто; будто; словно; точно

12 만남 встреча
만나다(보다) видеться/увидеться с *кем*; видеть/увидеть *кого*
기뻐하다 радоваться/обрадоваться *кому-чему*
다년간 много лет

유머 한마디

Вовочка пришёл домой с мальчиком и сказал:
- Мама, посмотри, это Миша! Он необыкновенный мальчик!
- Чем же он такой необыкновенный?
- Он учится ещё хуже, чем я!

10 양상 표현

~해야 한다
~할 수 있다
~해도 된다
~하기 원하다

должен(а,о,ы); нужно; надо	~해야 한다, ~할 필요가 있다
не надо; не нужно; не должен	~할 필요 없다(;~해서는 안 된다)
можно; мочь	~할 수 있다(가능)
нельзя; невозможно; не мочь	~할 수 없다(불가능)
можно; мочь; разрешается(разрешено)	~해도 된다(허가)
нельзя; не мочь; запрещается(запрещено)	~해서는 안 된다(금지)
хотеть	~하기 원하다

문장에서 서술되는 내용에 대한 화자의 관계(혹은 태도)를 나타내는 범주를 보통 양상(樣相), 혹은 서법(敍法)이라고 하는데, 제 10 과에서는 이러한 범주의 표현, 즉 필요, 불필요, 가능, 불가능, 허가, 금지, 바람의 표현 등을 공부할 것이다.

01 | 우리 모두는 이 문제의 해결에 노력을 집중해야한다.

어휘 및 표현

- 문제(해결을 요하는) вопрос; проблема
- 해결 решение; разрешение
- 노력 усилие; старание
- ~에 집중하다 концентрировать/сконцентрировать на *ком-чём*; сосредоточивать/сосредоточить на *ком-чём*
- ~해야 한다 *кто* должен(а,о,ы)+инф.; (*кому*) нужно(; надо)+инф.

해설

행위의 필요성('~해야 한다')을 나타내기 위해서는 형용사 단어미형 должен(а,о,ы)이나 술어부사 нужно; надо가 널리 쓰인다.
또한 여기에 다양한 뉘앙스가 부가된 표현들이 이들을 대신해서 쓰일 수 있는데, '원하지 않더라도 해야만 한다'라는 의미의 *кому* приходится(пришлось, придётся)+инф. 구문이나 '~하는 게 좋다(충고)'는 의미의 *кому* следует(следовало бы)+инф. 구문, 그리고 구어체에 사용되는 *кому*+инф. НСВ 등이 있다.

예제

1. 나는 그를 도와야 한다.

- 돕다 помогать/помочь *кому* в *чём*
- ~해야 한다 *кто* должен(а,о,ы)+инф.; (*кому*)нужно(; надо)+инф.

> Я должен ему помочь.

2. 어른들은 아이들에게 모범을 보여야 한다.

- 어른, 성인 взрослый[명]
- 아이들 дети[복]
- 모범, 본보기 пример; образец
- 모범을 보이다 показывать/показать пример; служить/послужить образцом(; примером)

> Взрослые должны показывать пример детям.

3. 나는 수업 시간표를 알아야 해.
- 수업 занятия[복]; урок
- 시간표 расписание
- 알아내다 узнавать/узнать

> Мне надо узнать расписание занятий.

4. 경기에서 이기려면 당신은 많이 연습해야 합니다.
- 경기 соревнование; игра; матч
- 이기다 побеждать/победить; выигрывать/выиграть
- 연습하다 тренироваться/натренироваться(훈련하다); упражняться[불완]; практиковаться/напрактиковаться(실습하다)

> Вам нужно много тренироваться, чтобы победить на соревнованиях.

5. 사무실에 도착해서 나는 앙케트를 작성해야만 했다.
- 사무실 офис; контора(사무소)
- 앙케트 анкета   • 작성하다(적어 넣다, 써넣다) заполнять/заполнить
- (원하지 않더라도)해야만 한다 *кому* приходится(пришлось, придётся)+инф.

> Когда я пришёл в офис, мне пришлось заполнить анкету.

6. 영어를 공부할 때는 발음에 특히 주의를 기울여야 합니다.
- 공부 изучение; учение; занятие
- 발음 произношение   • 주의 внимание
- ~에 주의를 기울이다 уделять/уделить внимание *чему*; обращать/обратить внимание на *что*
- ~할 때에 при *чём*
- ~하는 게 좋다(충고) *кому* следует(; следовало бы)+инф.

> При изучении английского языка большое внимание следует уделять произношению.

7. 이 기사는 내가 번역해야 한다.

- 기사 статья
- 번역하다 переводить/перевести
- ~해야 한다 *кому*+ инф.НСВ(구어)

> Переводить эту статью мне.

러시아어 표현

Все мы должны сконцентрировать свои усилия на решении этой проблемы.

02 이 문제는 투표로 결정하여야 한다.

어휘 및 표현

- 투표 голосование; баллотировка
- 결정하다 решать/решить
- ~의 방법으로 путём *чего*
- ~해야 한다 (*кому*) нужно(; надо)+инф.

해설

술어부사 нужно, надо('~해야 한다')는 수여격의 주어와 쓰이며, 과거('~해야 했다')와 미래시제('~해야 할 것이다')에서는 조동사 было, будет을 사용한다.

예제

1. 녹색 불이 켜있을 때 길을 건너가야 한다.

- (등불이)켜져 있다 гореть[불완]

- (걸어서)건너다, 횡단하다 переходить/перейти
- ~해야 한다 (*кому*)нужно(; надо)+инф.

> Нужно переходить дорогу, когда горит зелёный свет.

2. 이 사건을 완전하게 밝혀내야 했다.
- 사건 событие
- 밝히다 освещать/осветить; выяснять/выяснить
- 전부, 완전히 целиком; полностью
- ~해야 했다 (*кому*) нужно(; надо) было+инф.

> Нужно было целиком осветить это событие.

3. 제시간에 도착해야할 겁니다.
- 제때에, 적시에 вовремя; во-время
- ~해야 할 것이다 нужно(; надо) будет +инф.

> Надо будет прийти вовремя.

러시아어 표현

> Этот вопрос нужно решать путём голосования.

당신은 휴식이 필요해요.

어휘 및 표현

- 휴식 отдых; передышка(한숨 돌림)
- ~이 필요하다(대상) нужен(а,о,ы); надо *кого-что*; нужно *кого-что-чего*

해설

행위가 아닌 "대상"의 필요성을 표현하기 위해서는 형용사 단어미형 (*кому*) нужен(а,о,ы) *кто-что* 구문을 사용한다.

한편 술어부사 надо, нужно를 사용할 수도 있는데, надо는 목적격(надо *кого-что*)을, нужно는 목적격이나 소유격(нужно *кого-что-чего*)을 요구한다는 점에 주의해야 한다.

예제

1. 나는 어제 신문이 필요하다
- 신문 газета
- 어제의 вчерашний
- ~이 필요하다(대상) нужен(а,о,ы); надо *кого-что*; нужно *кого-что-чего*

Мне нужна вчерашняя газета.

2. 이 일에는 특별히 경험이 풍부한 전문가가 필요하다.
- 전문가 специалист; эксперт
- 경험 있는 опытный
- 특별히 особенно

Для этой работы нужен особенно опытный специалист.

3. 나는 돈이 필요하다.
- 돈 деньги[복]

Мне нужно денег.

러시아어 표현

Вам нужен отдых.

04 이 곳에서는 겨울에 털 코트를 입고 다닐 필요가 없다.

어휘 및 표현

- 털 코트, 모피코트 шуба
- 착용하다, 입고 있다 носить[다방향]
- 겨울에 зима 〉 зимой
- ~할 필요 없다 не надо(; не нужно; не стоит; не должен)+инф.; не+инф.НСВ

해설

행위의 필요성을 부정('~할 필요 없다')하고자할 때는 "(кому)не надо; (кому)не нужно; (кому)не стоит; (кто)не должен(а,о,ы); (кому)не+инф.НСВ" 등을 사용하는데, 이들 모두는 대개 "불완료상" 동사와 결합한다. 또한 이들은 문맥에 따라 '~할 필요 없다'의 의미 외에도 구어에서 정중한 부정 명령의 의미인 '~해서는 안 된다'를 의미하기도 한다.

한편, 대상의 필요성을 부정할 때는 не нужен(а,о,ы)+*что* 구문이나 не нужно+*чего* 구문을 사용하는데, 이 중 전자는 "구체적인 대상"을, 후자는 "일반화된 대상이나 불특정량"을 나타 낸다:

- 설탕은 필요 없어요. 치우셔도 되요.

    Сахар мне не нужен, можете убрать его. (식탁에서)

- 저는 설탕 필요 없어요. 어제 샀거든요.

    Мне не нужно сахара. Я вчера купил. (시장에서)

예제

1. 그렇게 크게 말할 필요 없다(그렇게 크게 말해서는 안 된다).

- 말하다 говорить/сказать; разговаривать[불완](서로 이야기하다)
- 크게(소리) громко
- ~할 필요 없다, ~해서는 안 된다 не надо(; не нужно; не должен)+инф.

> Не надо так громко говорить.

2. 한꺼번에 돈을 다 지불할 필요는 없다.

- 지불하다 платить/заплатить
- 한꺼번에, 단번에 сразу

> Не нужно сразу платить все деньги.

3. 더 이상 계속할 필요가 없다.

- 계속하다 продолжать/продолжить
- 더 이상 больше
- ~할 필요없다 (кому) не стоит + инф.

> Больше не стоит продолжать.

4. 그는 이것을 할 필요가 없다(해서는 안 된다).

- 하다, 행하다 делать/сделать

> Он не должен этого делать.

5. 우리는 내일 일찍 일어날 필요가 없다.

- 기상하다 вставать/встать
- 일찍 рано
- ~할 필요 없다, ~해서는 안 된다 (кому)не+инф.НСВ

> Нам завтра рано не вставать.

러시아어 표현

Здесь не надо(; не нужно) носить шубу зимой.

05　이 버스로 시내까지 갈 수 있다.

어휘 및 표현

- 시내 центр города
- ~에 다다르다(차로) доезжать/доехать до *чего*
- 이 버스로 на этом автобусе; этим автобусом
- 할 수 있다(가능하다) (*кому*)можно+инф.; мочь/смочь

해설

행위의 가능성('~할 수 있다')을 표현하기 위해서는 술어부사 можно나 동사 мочь/смочь를 사용한다: (*кому*)можно+инф.; *кто* может+инф.

예제

1. 전화로 택시를 부를 수 있다.

- 택시 такси[불변, 중]; таксомотор
- 전화로 по телефону
- 예약하다, 주문하다 заказывать/заказать
- ~할 수 있다 можно; мочь/смочь

> Такси можно заказать по телефону.

2. 이 책은 어느 상점에서든지 살 수 있었다.

- 상점 магазин
- 사다, 구입하다 покупать/купить
- 모든(어느~이든) любой

> Эту книгу можно было купить в любом магазине.

러시아어 표현

На этом автобусе можно доехать до центра города.

06 나는 언제든지 당신의 제안을 거절할 수 있습니다.

어휘 및 표현

- 제안 предложение
- 거절하다, 거부하다 отказывать/отказать *кому* в *чём*; отказываться/отказаться от *чего*(; +инф.)
- 언제든지 в любое время; когда-нибудь; когда угодно(언제든 좋을 때에)
- 할 수 있다(가능) мочь/смочь; можно

예제

1. 당신은 저를 만나지 못할 수도 있어요.
   - 만나다, 찾아내다 заставать/застать
   - 할 수 있다(가능) мочь/смочь; можно

   > Вы можете меня не застать.

2. 나는 그런 유형의 문제를 풀 수 있다.
   - 문제 задача(과제); вопрос(답을 요하는)
   - 유형 тип; образец(본보기)
   - 풀다, 해결하다 решать/решить

   > Я могу решать задачи такого типа.

러시아어 표현

> Я могу отказаться от вашего предложения в любое время .

07 그 순간 나는 그들의 논쟁에 끼어 들 수가 없었다.

어휘 및 표현

- 논쟁 спор; полемика(토론); диспут(학술적)
- 끼어들다, 개입하다 вмешиваться/вмешаться во *что*; вступать/вступить во *что*
- 그 순간에 в тот момент
- ~할 수 없다(불가능) нельзя(; невозможно)+инф.; *кто* не может+инф.

해설

행위가 불가능함을 표현하기 위해 술어부사 нельзя('~할 수 없다')나 невозможно('불가능하다'), 또는 동사 мочь/смочь를 쓸 수 있다: (*кому*) нельзя(; невозможно)+инф.; *кто* не может+инф.

이 때 "불가능"을 뜻하는 нельзя('~할 수 없다')는 주로 완료상 동사와 쓰임에 주의해야한다(반면 "금지"를 뜻하는 нельзя('~해서는 안 된다')는 항상 불완료상 동사와 함께 쓰인다):

- 문이 잠겨서 들어갈 수 없다(불가능). Нельзя войти: дверь заперта.
- 수업 중이어서 들어가면 안 된다(금지). Нельзя входить: идут занятия.

또한 구어에서는 행위의 불가능 표현에 (*кому*)не+инф.СВ 구문도 사용된다.

예제

1. 그런 소음 속에서는 한 마디도 읽을 수가 없다.

- 소음 шум
- 낱말, 단어 слово
- 읽다 читать/прочитать
- ~할 수 없다(불가능) нельзя(; невозможно)+инф.

> При таком шуме нельзя прочитать ни слова.

2. 기름과 물은 혼합할 수 없다.

- 기름 масло
- ~을 …와 혼합하다 смешивать/смешать *что* с *чем*

> Невозможно смешать масло с водой.

3. 이미 계약이 조인되었으므로 나는 생각을 바꿀 수가 없다.

- 계약 контракт; договор
- 조인된, 서명 날인한 подписывать/подписать 〉 подписанный(подписан)
- 생각을 바꾸다 передумывать/передумать
- ~할 수 있다 мочь/смочь

> Я не могу передумать(; Передумывать поздно), ведь контракт уже подписан.

4. 두 형제는 구별할 수 없을 정도로 닮았다.

- 구별하다 отличать/отличить
- 닮은 похожий
- 그만큼, 그토록 настолько
- ~할 수 없다(불가능) (*кому*)не+инф.СВ

> Оба брата настолько похожи, что их не отличить.

러시아어 표현

В тот момент мне нельзя было вмешаться в их спор.

08 나는 아무리해도 그녀의 이름을 기억해낼 수가 없다.

어휘 및 표현

- 이름 имя(사람의); название(명칭)
- 생각해내다 вспоминать/вспомнить(회상); припоминать/припомнить(상기)
- 아무리해도 никак
- ~할 수 없다, 불가능하다 *кто* не может+инф.

예제

1. 하루저녁에 그가 이 책을 다 읽지는 못할 것이다.

- 읽다 читать/прочитать
- 하루저녁에(안에) за один вечер
- ~할 수 없다 (불가능) *кто* не может+инф.

> За один вечер он не сможет прочитать эту книгу.

2. 훌륭한 수영선수라 하더라도 이 강을 헤엄쳐 건너지는 못할 것이다.

- 수영선수 пловец
- (헤엄치거나 배를 타고)건너다 переплывать/переплыть
- ~조차 даже

> Эту реку не сможет переплыть даже хороший пловец.

러시아어 표현

Я никак не могу вспомнить её имя.

09 친척들은 매주 일요일에 환자를 문병 갈 수 있다.

어휘 및 표현

- 친척 родные[복]; родственник
- 환자 больной[명]; пациент
- 방문하다 посещать/посетить; навещать/навестить
- 일요일마다 каждое воскресенье; по воскресеньям
- ~해도 된다(허가) можно+инф.; *кто* может+инф.; разрешается(разрешено) +инф.

해설

'~해도 된다, ~할 수 있다' 와 같이 행위가 "허가됨"을 표현하기 위해서는 "(*кому*)можно+инф."나 "*кто* может+инф."외에도 "(*кому*)разрешается (; разрешено)+инф.('허락되다')" 구문이 사용된다.

예제

1. 누군가 문을 노크하고 물었다: "들어가도 될까요?"
- 문을 노크하다 стучать/постучать в дверь
- 묻다 спрашивать/спросить
- 들어가다 входить/войти
- ~해도 된다(허가) можно+инф.; *кто* может +инф.; разрешается(разрешено)+инф.

> Кто-то постучал в дверь и спросил: "Можно войти?"

2. 제가 여기 앉아도 될까요?
- 앉다 садиться/сесть

> Я могу здесь сесть?

3. 이 곳에 주차할 수 있습니다.
- 주차 стоянка; стояние (машин)
- 허락되다 разрешён(а,о,ы); разрешаться/разрешиться

> Стоянка машин здесь разрешена(; разрешается).

러시아어 표현

Родные могут посещать больного по воскресеньям.

10 열람실에서는 큰소리로 이야기하면 안 됩니다.

어휘 및 표현

- 열람실 читальный зал
- 이야기를 나누다 разговаривать[불완]; поговорить[완](잠시)
- 큰소리로 громко
- ~해서는 안 된다(금지) нельзя+инф.НСВ; *кто* не может +инф.; запрещается(запрещено)+инф.НСВ

해설

'~해서는 안 된다, ~할 수 없다' 와 같이 행위가 "금지됨"을 표현하기 위해서는 "(*кому*) нельзя+инф.НСВ"나 "*кто* не может+инф."외에도 "(*кому*) запрещается(; запрещено)+инф.НСВ('금지되다')" 구문이 사용된다.
이처럼 "금지"의 표현에는 불완료상 동사 원형이 결합하는 반면 "불가능"의 표현에서는 주로 완료상 동사 원형이 결합했음에 주의하라.

예제

1. 아이들은 담배를 피워서는 안 된다(금지).

- 담배 피우다 курить[불완]
- ~해서는 안 된다(금지) нельзя+инф.НСВ; *кто* не может+инф.; запрещается(запрещено)+инф.НСВ

> Детям нельзя курить.

2. 의사가 당신은 아직 자리에서 일어나면 안 된다고 했어요.

- 의사 доктор; врач
- 침대 постель[여](침상); кровать[여]
- 일어나다 вставать/встать

> Доктор сказал, что вы ещё не можете вставать с постели.

3. 외부인 출입금지!

- 입장, 들어가는 것 вход
- 외부인(무용자) посторонний[명]
- 금지되다 запрещён(а,о,ы); запрещается *что кому*

> Посторонним вход запрещается(; запрещён)!

러시아어 표현

В читальном зале нельзя громко разговаривать.

11 | 21시 표를 예약하고 싶습니다.

어휘 및 표현

- 표 билет
- 예약하다 заказывать/заказать; бронировать/забронировать
- '미래의 시간, 기간' на *что*
- ~하기 원하다 хотеть/захотеть+инф.

해설

바람('~하기를 원하다')을 나타내는 동사에는 хотеть/захотеть, желать/ пожелать, надеяться[불완] 등이 있다.

참고 ▶ 바람을 표현하기 위해 хотеть('원하다')는 여러 유형으로 사용된다:

~하기를 원하다(단호한 의지)*кто* хочет+инф.
~하면 좋겠는데(부드러운 어감) *кто* хотел бы+инф.
~하고 싶다(희망적 바람)*кому* хочется(хотелось бы)+инф.
그게 무슨 뜻입니까? Что вы хотите этим сказать?
오늘 그들은 방안에만 있기를 원치 않았다. Сегодня сидеть в комнате они не хотели.

그는 모두를 기쁘게 해주고 싶어 해요. Он хотел бы всем угодить.
저는 당신을 난처하게 하고 싶지 않아요. Я не хотел бы затруднять вас.
나는 정말이지 졸리다(목이 마르다). Мне очень хочется спать(пить).
나는 오늘 춤추고 싶은 마음이 없다. Сегодня мне не хочется танцевать.

러시아어 표현

Я хочу заказать билеты на 21 час.

12 | 우리는 너희가 우리를 이 행사에 초대해주기 바래.

어휘 및 표현

- 행사, 의식 торжество; церемония
- 초대하다 приглашать/пригласить

해설

"바람"을 뜻하는 동사 хотеть는 복문에서 접속사 чтобы와 함께 사용된다. 또한 хотеть, желать외에도 '바람'의 뉘앙스가 내포된 동사 просить('요청하다'), советовать('충고하다'), требовать('요구하다') 등이 복문에서 접속사 чтобы와 쓰인다(단, 동사 надеяться는 접속사 что와 함께 쓰임에 주의).
Чтобы 절에서 동사는 주절과 종속절의 주어가 같으면 원형으로, 다르면 과거형으로 사용된다.

예제

1. 이 문제가 나 없이 논의되기는 원치 않습니다.

- 문제(해결해야할) вопрос; дело; проблема
- 논의되다 обсуждаться/обсудиться
- ~없이 без кого-чего
- 원하다 хотеть/захотеть; желать/пожелать; надеяться

> Я не хочу, чтобы этот вопрос обсуждался без меня.

2. 학장은 학생들이 모두 회의에 참석할 것을 요청했다.
   - 학장 декан
   - 회의 собрание; заседание
   - 참석하다 присутствовать[불완](출석하다); участвовать[불완] в *чём*(참여하다)
   - 요청하다 просить/попросить

   > Декан попросил, чтобы на собрании присутствовали все студенты.

3. 그는 나 스스로 이 문제를 살펴볼 것을 충고했다.
   - 살펴보다, 심의, 고찰하다 обсуждать/обсудить; рассматривать/рассмотреть
   - 스스로 сам(а,о,и)
   - 충고하다 советовать/посоветовать; рекомендовать/порекомендовать(권하다)

   > Он посоветовал мне, чтобы я обсудил этот вопрос сам.

4. 우리는 제시간에 출근할 것이 요구된다.
   - 도착하다 приходить/прийти(걸어서); приезжать/приехать(차로)
   - 직장에 (방향) на работу; на службу
   - 제 시간에 во время
   - 요구하다 требовать/потребовать *чего* от *кого*

   > От нас требуют, чтобы мы приходили на работу во время.

러시아어 표현

Мы хотим, чтобы вы пригласили нас на это торжество.

13　수업 후 식당에 들릅시다.

어휘 및 표현

- 식당 буфет(간이식당); столовая(부속 식당); ресторан(음식점)
- (잠시)들르다 заходить/зайти(걸어서); заезжать/заехать(차로)
- ~의 후에 после *чего*
- ~하자 (Давай)+буд.СВ; Давай+инф.НСВ

해설

"바람"의 의미를 담고있는 명령형은 크게 다음과 같이 나누어볼 수 있다.

'~해라(하십시오)' : 명령형(те)
'~하자(합시다)' : Давай(те)+буд.СВ; Давай(те)+инф.НСВ; буд.СВ(те)
'~하게 해라' : пусть +3인칭наст.(; буд.)

도와주세요! Помогите!
좀 쉽시다. Давайте отдохнём.; Давайте отдыхать.; Отдохнёмте.
그를 기다리게 해. Пусть он подождёт.

예제

1. 말 트고 지냅시다.

- 말 트고 지내다 говорить на ты; тыкать[불완]
- ~합시다 Давайте+ буд.СВ; Давайте+инф.НСВ

> Давайте (говорить) на ты.

러시아어 표현

Давайте зайдём после уроков в буфет.

연습문제

01 그는 자신의 장래에 대해 진지하게 생각해 봐야한다.

02 우리는 외모가 아닌 성품으로 사람을 판단해야한다.

03 나는 이 책이 더 이상 필요 없다.

04 그는 보고서를 쓸 필요가 없었다.

05 이 상품을 다른 것으로 교환할 수 있습니까?

06 그녀는 그렇게 행동할 수 있지만 나는 그럴 수 없다.

07 아무 것도 식별할 수 없을 정도로 어두웠다.

08 나는 아무리해도 고향에 갈 짬을 낼 수가 없다.

09 저희가 이 방에서 기다려도 될까요?

10 의사가 그녀는 짠 음식을 먹어서는 안 된다고 했다.

11 나는 누가 이런 소문들을 퍼뜨렸는지 알고 싶다.

12 내년에 다시 한 번 저희 집에 오시길 바랍니다.

13 그를 깨우지 마세요, 자게 둬요.

어휘 및 표현

01 미래, 장래 будущее[명]
    ~을 생각하다, 궁리하다 думать/подумать о *ком-чём*
    진지하게 серьёзно
    ~해야 한다 *кто* должен(а,о,ы)+инф.

02 외모 внешность[여]; наружность[여]
    성품, 기질 душевные качества('정신적 특질'); характер
    ~를 …로 판단하다 судить[불완] о *ком-чём* по *чему*
    ~해야 한다 (*кому*) нужно(; надо)+инф.

03 ~이 필요 없다(대상) не нужен(а,о,ы) *кто-что*(구체적); не нужно *кого-чего* (불특정)

04 보고서 доклад
    쓰다(글, 글씨) писать/написать
    ~할 필요가 없었다 (*кому*)не нужно было(; не надо было)+инф.

05 상품 товар; продукт
    ~를 …로 교환하다 менять/поменять(; обменивать/обменять) *что* на *что*
    ~할 수 있다(가능) можно+инф.

06 행동하다, 처신하다 поступать/поступить; действовать[불완]; вести себя
    ~할 수 있다(가능) *кто* может+инф.

07 식별하다 разбирать/разобрать; различать/различить
    어둡다 темно   ~할 만큼 …하다 настолько…, что~
    ~할 수 없다(불가능) нельзя(; невозможно)+инф.

08 고향 родина; родной город
    틈(여가) свободное время; досуг
    찾아내다 находить/найти
    아무리해도(~않다) никак
    ~하기 위해 чтобы

09 기다리다 ждать/подождать
    ~해도 된다 можно; мочь; разрешается (разрешено)
    우리가 ~해도 될까요? Нам можно ~?; Мы можем ~?

10 음식 пища; еда
    먹다 есть/съесть   짠(맛) солёный

어휘 및 표현

~해서는 안 된다 нельзя; не мочь; запрещается(запрещено)
금지를 뜻하는 нельзя는 불완료상 동사와 쓰인다.

11 소문 слух
    소문을 퍼뜨리다 пускать/пустить слух
    알다(알게되다) узнавать/узнать
    ~하기 원하다 хотеть/захотеть(; желать/пожелать; надеяться)+инф.

12 내년에 в следующем году; в будущем году
    한 번 더 ещё раз   ~에게로 к кому

13 깨우다(잠) будить/разбудить
    잠자다 спать[불완]
    ~하게 해라 пусть+3인칭наст.(; буд.)
    '~하지 말아라'와 같은 부정 명령의 표현에는 특별히 경고의 의미가 아니라면 불완료상 동사를 사용한다:
    늦지 마세요. Не опаздывайте, пожалуйста.
    ⇒ 넘어지지 않게 조심해! Смотри, не упади!

유머 한마디

- Вовочка, пойдём гулять!
- Не могу, у меня очень строгий папа. Когда он делает мои уроки, я должен быть рядом.

11 감정, 정서 표현 1

"두렵다, 슬프다" 등의 정서적 상태 표현

동사구

두려움	*кого-чего*	бояться 두려워하다, 겁내다 пугаться 깜짝 놀라다
놀라움(감탄)	*кому-чему*	удивляться 놀라다, 감탄하다 радоваться 기뻐하다 огорчаться 슬퍼하다 завидовать 부러워하다 верить 신뢰하다
그리움	по *кому-чему*	скучать 그리워하다
애정과 증오	*кого-что*	любить 좋아하다 уважать 존경하다 ненавидеть 미워하다, 증오하다 презирать 경멸하다
불만	на *кого-что*	обижаться 모욕을 느끼다 сердиться 화를 내다 жаловаться 불평하다
열중	*кем-чем*	интересоваться 흥미를 갖다 увлекаться 열중하다 восхищаться 매혹되다 возмущаться 분개하다 гордиться 자랑으로 여기다
염려 의심	о *ком-чём* в *ком-чём*	беспокоиться 염려하다 сомневаться 의심하다

인물의 정서적인 상태를 표현하기 위해서는 동사 외에도 술어부사나 형용사, 형동사 등이 널리 쓰이는데, 제 11 과에서는 먼저 동사를 이용한 정서적 상태 표현을 공부할 것이다. 여기에서 정서적 상태 표현의 동사들은 위의 표에서처럼 공통의 지배관계를 갖는 의미부류들로 나누어 볼 수 있다.

01 | 그는 아주 작은 통증도 두려워한다.

어휘 및 표현

- 통증 боль[여]
- 아주 작은 малый > малейший
- 겁내다, 두려워하다 бояться[불완] *кого-чего*

해설

보통 "두려움"을 뜻하는 동사들(бояться[불완] '겁내다', опасаться[불완] '경계하다, 두려워하다', стесняться/постесняться '꺼리다')은 소유격을 지배한다.

예제

1. 나는 감기에 걸릴까 두렵다.

- 감기 простуда
- 감기에 걸리다 простужаться/простудиться
- ~을 겁내다, 두려워하다 бояться[불완] *кого-чего*

> Я боюсь простудиться(; простуды).

2. 어린 시절에 나는 개를 무척 무서워했다.

- 어린 시절 детство
- 어린 시절에 в детстве
- 개 собака; щенок(강아지)

> В детстве я очень боялся собак.

3. 내가 두려워하는 것이 바로 이것이다.

- 바로(지시, 강조) вот
- 경계하다, 두려워하다 опасаться[불완] *кого-чего*

> Вот этого-то я и опасаюсь.

4. 의사는 환자가 수술을 견디지 못할까 우려했다.

- 환자 больной[명]: пациент
- 수술 операция
- 견디다, 인내하다 переносить/перенести; терпеть/вытерпеть

> Доктор опасался, что больной не перенесёт операции.

5. 그는 아무에게도 거리낌이 없다.

- 아무도, 누구도(~않다) никто
- 꺼리다 стесняться/постесняться кого-чего

> Он никого не стесняется.

러시아어 표현

Он боится малейшей боли.

02 | 그는 무엇에든 놀란다.

어휘 및 표현

- 모든 것 всё
- 깜짝 놀라다(공포, 불안) пугаться/испугаться кого-чего

해설

'두려움에 깜짝 놀라다'는 의미의 пугаться/испугаться 동사 역시 소유격을 지배한다.

예제

1. 나는 초인종소리에 깜짝 놀랐다.

- 초인종 звонок
- ~에 깜짝 놀라다(두려움) пугаться/испугаться *кого-чего*

> Я испугался звонка.

2. 그녀는 소리가 날 때마다 놀랐다.
   - 소리 звук(음향); крик(외침)
   - 매~마다 каждый
   - ~할 때에 при *чём*

> Она пугалась при каждом звуке.

러시아어 표현

> Он всего пугается.

03 | 나는 당신의 인내심이 놀랍다.

어휘 및 표현

- 인내심, 참을성 терпение; терпеливость[여]
- 놀라다, 감탄하다 удивляться/удивиться *кому-чему*

해설

보통 "놀라움(감탄)"을 뜻하는 동사들(удивляться '놀라다(감탄)', изумляться/изумиться '경탄하다', поражаться/поразиться '충격을 받다')은 수여격을 지배한다.

예제

1. 놀랄 것 없다.
   - 아무 것도 없다 нечего

- ~에 놀라다(감탄) удивляться/удивиться кому-чему

> Нечему удивляться(; Нечего удивляться).

2. 그는 이 광경을 보고 크게 감탄했다.
- 광경 зрелище; картина
- 경탄하다 изумляться/изумиться кому-чему

> Он изумился этому зрелищу.

3. 그는 갑작스런 소식에 큰 충격을 받았다.
- 소식 известие; новость(뉴스); сообщение(보도)
- 갑작스런 неожиданный; внезапный
- 충격을 받다, 크게 놀라다 поражаться/поразиться кому-чему

> Он поразился неожиданному известию.

러시아어 표현

Я удивляюсь вашему терпению.

  나는 그가 와서 진심으로 기쁘다.

어휘 및 표현

- 도착 приход(걸어서); приезд(차로)
- 진심으로 от души; всей душой; от всего сердца; всем сердцем
- 기뻐하다 радоваться/обрадоваться кому-чему

해설

- '~을 기뻐하다' радоваться/обрадоваться *кому-чему*
- '~을 슬퍼하다, 괴로워하다' огорчаться/огорчиться *кому-чему*

예제

1. 아버지는 아들의 성공을 기뻐한다.
- 성공 успех; карьера(출세)
- 기뻐하다 радоваться/обрадоваться *кому-чему*

> Отец радуется успехам сына.

2. 나는 그가 실패한 것이 너무 가슴 아프다.
- 실패 неудача(실수, 실책); крах(파산, 파탄)
- 몹시 сильно; очень; ужасно
- 슬퍼하다 огорчаться/огорчиться *кому-чему*

> Я сильно огорчаюсь его неудаче.

러시아어 표현

Я от души радуюсь его приезду.

05 설마 그의 성공을 질투하고 있는 겁니까?

어휘 및 표현

- 성공 успех; карьера(사회적인)
- 설마(놀라움), 정말인가 неужели
- ~을 질투하다, 부러워하다 завидовать/позавидовать *кому-чему*

해설

- '~을 질투하다, 부러워하다' завидовать/позавидовать *кому-чему*
- '~을 믿다, 신뢰하다' верить/поверить *кому-чему*

예제

1. 무엇이 부러울 게 있는가?
- 부러워하다 завидовать/позавидовать *кому-чему*

> Чему тут завидовать?

2. 진정한 친구는 서로를 질투하지 않는다.
- 참된, 진정한 настоящий
- 서로서로 друг друга

> Настоящие друзья не завидуют друг другу.

3. 자화자찬하는 사람은 믿기 어렵다.
- 자기, 자신 сам(а, о, и)[특정대](강조); себя[재귀대]
- 칭찬하다 хвалить/похвалить
- 믿다, 신뢰하다 верить/поверить *кому-чему*

> Трудно верить тем, кто хвалит сам себя.

4. 나는 내 눈을 믿지 않았다.
- 눈 глаз(복 глаза)

> Я не верил своим глазам.

러시아어 표현

Неужели вы завидуете его успехам?

06 나는 내 친구들이 그립다.

어휘 및 표현

- 친구 друг(복 друзья); товарищ; приятель
- 그리워하다 скучать по *кому-чему*

해설

'그리워하다'라는 의미의 동사 скучать[불완], тосковать[불완]는 по *кому-чему*를 지배한다:

- 아이들을 그리워하다 скучать по детям
- 아내를 그리워하다 тосковать по жене

러시아어 표현

Я скучаю по своим друзьям.

07 나는 단 것을 좋아한다.

어휘 및 표현

- 단 것 сладкий(맛이 단) 〉 сладкое[명]
- 좋아하다 любить[불완] *кого-что*

해설

"좋고 싫음"을 의미하는 동사들은 타동사로서 목적격을 지배한다.

- '~을 좋아하다' любить[불완] *кого-что*
- '~을 존경하다, 존중하다' уважать[불완] *кого-что*; почитать[불완] *кого-что*

참고 ▶ 동일한 어휘의미를 가졌더라도 동사와 명사가 서로 다른 격을 지배하는 경우가 있다.
  '~을 사랑하다' любить *кого-что*
  '~에 대한 사랑' любовь к *кому-чему*

Я люблю свою родину. 나는 나의 조국을 사랑한다.
Я только за рубежом понял, что такое любовь к родине.
나는 외국에 나가서야 조국애가 무엇인지 알았다.

cf.) тосковать по родине '향수에 잠기다' тоска по родине '향수병'

예제

1. 나는 체홉을 매우 좋아한다.
- 매우 очень
- 좋아하다 любить[불완] *кого-что*

> Я очень люблю Чехова.

2. 어린 시절 나는 그림 그리기를 좋아했다.
- 어린 시절, 유년기 детство
- 그리다 рисовать/нарисовать

> В детстве я любила рисовать.

러시아어 표현

Я люблю сладкое.

08 무슨 이유로 그를 미워하시죠?

어휘 및 표현

- 무슨 이유로 за что; почему(왜); отчего(무엇 때문에)
- 미워하다 ненавидеть[불완] кого-что(증오하다); не мочь терпеть(싫어하다)

해설

- '~을 미워하다, 증오하다' ненавидеть[불완] кого-что
- '~을 경멸하다, 멸시하다' презирать/презреть кого-что

대상에 대한 태도나 관계(좋고 싫음 등)의 이유를 나타내는 데는 전치사 за를 사용한다('~을 이유로 …하다).

예제

1. 그는 마늘을 싫어한다.

- 마늘 чеснок
- 싫어하다 не мочь терпеть

> Он не может терпеть чеснок.

2. 나는 불성실함을 증오한다.

- 불성실 неискренность; недобросовестность(비양심)
- 증오하다 ненавидеть[불완]

> Я ненавижу неискренность.

러시아어 표현

За что вы его ненавидите?

09 | 나는 그의 지적에 모욕을 느꼈다.

어휘 및 표현

- 지적, 주의 замечание; совет(충고)
- 모욕을 느끼다, 화가 나다 обижаться/обидеться на *кого-что*

해설

"불만"의 의미를 가지고있는 동사들(обижаться/обидеться '모욕을 느끼다', сердиться/рассердиться '노하다', жаловаться/пожаловаться '불평하다')은 на *кого-что*를 지배한다:

- '~에 모욕을 느끼다, 화가 나다' обижаться/обидеться на *кого-что*
- '~에 화를 내다, 노하다' сердиться/рассердиться на *кого-что*
- '~을 불평하다' жаловаться/пожаловаться на *кого-что*

예제

1. 그녀는 초대받지 못했고 그래서 몹시 화가 났다.

- 초대하다 приглашать/пригласить
- 모욕을 느끼다 обижаться/обидеться на *кого-что*

> Её не пригласили, и она очень обиделась.

2. 아이는 자신의 서투름 때문에 스스로에게 화가 난다.

- 서투름, 어색함 неловкий > неловкость[여]
- 화나다, 노하다 сердиться/рассердиться на *кого-что*

> Ребёнок сердится на себя за свою неловкость.

러시아어 표현

Я обиделся на его замечание.

10 그는 끊임없이 무언가를 불평한다.

어휘 및 표현

- 무언가(무엇이든) что-нибудь
- 시종, 끊임없이 вечно
- ~을 불평하다 жаловаться/пожаловаться на *кого-что*

예제

1. 그는 대우가 나쁘다고 불평이다.
   - 대우 приём(접대); обращение; обхождение; зарплата(월급)
   - 불평하다 жаловаться/пожаловаться на *кого-что*
   - 나쁜 дурной(불쾌한); плохой(열등한); злой(악의 있는)

   > Он жалуется на дурной приём.

러시아어 표현

Он вечно на что-нибудь жалуется.

11 그는 자신의 일에 전혀 흥미가 없다.

어휘 및 표현

- 전혀 ~않다 совсем не; ничуть не; нисколько не; далеко не
- 흥미를 갖다 интересоваться/заинтересоваться *кем-чем*

해설

무언가에 "몰두됨"을 의미하는 동사들(интересоваться/заинтересоваться '흥미를 갖다', увлекаться/увлечься '몰두하다', восхищаться/восхититься '매혹되다', возмущаться/возмутиться '격분하다', гордиться[불완] '자랑으로 여기다')은 도구격을 지배한다:

- '~에 흥미, 관심을 갖다' интересоваться/заинтересоваться *кем-чем*
- '~에 몰두하다, 열중하다' увлекаться/увлечься *кем-чем*

예제

1. 모두가 그의 말에 흥미를 가졌다.

- 말 слово; речь[여]
- 흥미를 갖다 интересоваться/заинтересоваться *кем-чем*

> Все интересовались его словами.

2. 그는 책에 몰두했다.

- 몰두하다 увлекаться/увлечься *кем-чем*

> Он увлёкся книгой.

3. 나는 극장에 늦을 정도로 일에 몰두했다.

- 늦다 опаздывать/опоздать
- …할 정도로 ~하다 так~, что…

> Я так увлёкся работой, что опоздал в театр.

러시아어 표현

Он совсем не интересуется своей работой.

12 나는 풍경의 아름다움에 매혹되었다.

어휘 및 표현

- 풍경, 경치 пейзаж; ландшафт
- 아름다움 красота
- 매혹되다 восхищаться/восхититься *кем-чем*

해설

- '~에 매혹되다, 매료되다' восхищаться/восхититься *кем-чем*
- '~에 분개하다, 격분하다' возмущаться/возмутиться *кем-чем*

예제

1. 모두들 그녀의 아름다운 목소리에 매혹된다.

- 목소리 голос
- 아름다운 красивый; прекрасный; очаровательный(매혹적인)
- 매혹되다 восхищаться/восхититься *кем-чем*

> Все восхищаются её красивым голосом.

2. 사람들은 새로운 기름 값 인상에 분개했다.

- 기름 нефть[여](석유, 원유); бензин(휘발유)
- 값, 가격 цена; стоимость[여]
- 인상 повышение
- 분개하다 возмущаться/возмутиться *кем-чем*

> Люди возмутились новым повышением цен на нефть.

러시아어 표현

Я восхитился красотой пейзажа.

13 | 그는 자신의 정원을 큰 자랑으로 여긴다.

어휘 및 표현

- 정원 сад
- 자랑으로 여기다 гордиться[불완] *кем-чем*

해설

- '~을 자랑으로 여기다, 자랑하다' гордиться[불완] *кем-чем*

예제

1. 우리는 우리 동료가 자랑스럽다.
- 동료 коллега; сотрудник(협력자)
- 자랑하다 гордиться[불완] *кем-чем*

> Мы гордимся нашим коллегой.

2. 나는 대학생인 것이 자랑스럽다.
- 대학생 студент
- ~이다 являться[불완] *кем-чем*

> Я горжусь тем, что являюсь студентом.

러시아어 표현

Он очень гордится своим садом.

14 그에 대해서는 걱정할 필요가 없다.

어휘 및 표현

- ~할 필요 없다 (*кому*)не надо(; не нужно; не стоит)+инф.НСВ
- 걱정하다 беспокоиться/обеспокоиться о *ком-чём*

해설

"걱정, 염려"를 뜻하는 동사 беспокоиться/обеспокоиться '걱정하다'와 заботиться/позаботиться '염려하다'는 о *ком-чём* 과 쓰인다:
- '걱정하다, 근심하다' беспокоиться/обеспокоиться о *ком-чём*
- '염려하다, 마음을 쓰다' заботиться/позаботиться о *ком-чём*

예제

1. 나는 그의 건강을 염려하고 있다.
- 건강 здоровье
- 염려하다 беспокоиться/обеспокоиться о *ком-чём*; заботиться/позаботиться о *ком-чём*

> Я беспокоюсь о его здоровье.

2. 제 걱정은 하지 마세요, 전 건강하니까요.
- 건강한 здоровый(здоров); крепкий(крепок)(튼튼한)

> Обо мне не беспокойтесь, я здоров.

3. 나는 이 일에 대해 조금도 신경 쓰지 않는다.
- 전혀 ~않다 совсем не; ничуть не; нисколько не

> Я об этом совсем не забочусь.

러시아어 표현

О нём не стоит беспокоиться.

15 나는 그의 성의가 의심스럽다.

어휘 및 표현

- 성의, 진심 искренность[여]
- 의심하다 сомневаться[불완] в *ком-чём*

해설

- '~을 의심하다' сомневаться[불완] в *ком-чём*

예제

1. 나는 그의 능력을 의심하지 않는다.
   - 능력 способность; компетентность; умение
   - 의심하다 сомневаться[불완] в *ком-чём*

   > Я не сомневаюсь в его способностях.

2. 나는 그가 올지 의심스럽다.

   > Я сомневаюсь в том, что он придёт.

러시아어 표현

Я сомневаюсь в его искренности.

연습문제

01 이 책은 어떠한 비평도 두려워하지 않는다.

02 그녀는 조금도 놀라지 않았다.

03 나는 그의 용기에 놀랐다.

04 그가 죽었다는 소식에 모두들 슬퍼했다.

05 소문을 믿지 마세요.

06 당신이 그리울 겁니다.

07 모두가 그를 존경했지만 그 누구도 그를 사랑하지는 않았다.

08 나는 '한계'라는 말을 경멸한다.

09 그는 기자들의 무관심에 화가 났다.

10 다른 주민들이 당신이 너무 시끄럽다고 불평이에요.

11 그는 추위를 잊을 만큼 시합에 열중했다.

12 그의 무례한 행동에 모두들 분개했다.

연습문제

13 운동선수는 상에 자부심을 갖고 있다.
_____

14 저희들 걱정은 마세요, 저희는 아무 것도 부족한 게 없어요.
_____

15 나는 결코 그의 정직성을 의심해본 적이 없다.
_____

어휘 및 표현

01 비평 критика   어떠한 ~도(~않다) никакой   ~을 두려워하다 бояться[불완] *кого-чего*

02 전혀 ~않다 ничуть не; нисколько не; совсем не
~에 깜짝 놀라다(두려움) пугаться/испугаться *кого-чего*

03 용기 мужество; смелость[여]; храбрость[여]
~에 놀라다(감탄) удивляться/удивиться *кому-чему*

04 소식 известие; новость[여]; сообщение   부보(訃報) известие о смерти
~을 슬퍼하다 огорчаться/огорчиться *кому-чему*

05 소문 слух; молва   ~을 믿다 верить/поверить *кому-чему*

06 ~을 그리워하다 скучать[불완] по *кому-чему*; тосковать[불완] по *кому-чему*

07 아무도, 누구도(~않다) никто   ~을 존경하다 уважать[불완] *кого-что*
~을 사랑하다 любить[불완] *кого-что*

08 단어, 말 слово   한계 лимит; предел
~을 경멸하다 презирать/презреть *кого-что*

09 기자 журналист; корреспондент(특파원)   무관심 равнодушие
모욕을 느끼다, 화가 나다 обижаться/обидеться на *кого-что*

10 주민, 거주자 житель; обитатель   떠들다, 소음을 내다 шуметь/прошуметь
~을 불평하다 жаловаться/пожаловаться на *кого-что*

11 추위 холод, 시합 игра; встреча; матч; соревнование
느끼다 чувствовать/почувствовать   ~할 만큼 …하다 так …, что~
~에 열중하다 увлекаться/увлечься *кем-чем*

12 행동 поведение   무례한 грубый; невежливый
~에 분개하다 возмущаться/возмутиться *кем-чем*

13 운동선수 спортсмен   상 награда; премия; приз
~에 자부심을 갖다, 자랑으로 여기다 гордиться[불완] *кем-чем*

14 부족하다, 필요로 하다 нуждаться[불완] в *ком-чём*
~을 염려하다 беспокоиться/обеспокоиться о *ком-чём*;
заботиться/позаботиться о *ком-чём*

15 정직성 честность[여]; правдивость[여](진실성)   결코 (~않다) никогда
~을 의심하다 сомневаться [불완] в *ком-чём*

유머 한마디

Начальник тюрьмы:
- Вы выходите на свободу. Надеюсь, что теперь вы начнёте честную жизнь.
- Ах, господин начальник! Мне уже 60 лет и я не люблю экспериментов.

12 감정, 정서 표현 2

"두렵다, 슬프다" 등의 정서적 상태 표현

부사, 형용사, 형동사, 전치사구

부사	грустно '슬프다' приятно '유쾌하다' стыдно '창피하다' 등
형용사	спокойный(спокоен) '평온한' весёлый(весел) '쾌활한' мрачный(мрачен) '음울한' молчаливый(молчалив) '과묵한' 등
형동사	удивлён '놀란' увлечён '몰두된' 등
전치사 в	в отчаянии '절망하여' в восторге '환희에 차' 등

제 12 과에서는 술어부사와 형용사, 형동사, 그리고 전치사 в에 의한 정서적 상태 표현을 공부할 것이다. 인물의 정서적 상태를 표현할 때 앞 과에서와 같이 동사를 사용하면 주체의 능동성이 강조되는 것처럼 본 과의 문법범주들도 각기 고유한 뉘앙스를 갖는다.

01 오늘 나는 왠지 우울하다.

어휘 및 표현

- 왠지 что-то; почему-то
- 슬프다, 우울하다 грустно

해설

술어부사는 인물의 정서적인 상태를 표현할 때 자주 쓰이는데, 무언가 "무의식적이고 본능적인 상태"를 나타낸다:

приятно '유쾌하다'   весело '즐겁다'   интересно '흥미롭다'
смешно '우습다'   скучно '무료하다'   жаль '유감이다'
грустно '슬프다'   стыдно '창피하다'   обидно '화가 난다'
больно '괴롭다'   страшно '무섭다' 등.

술어 부사 구문에서 논리적 주어는 수여격이다.

예제

1. 매우 유감입니다.

- 유감이다 жаль

> Мне очень жаль.

2. 이것에 관심 있으세요?

- 흥미롭다 интересно

> Вам это интересно?

러시아어 표현

Мне что-то грустно сегодня.

02 지혜로운 사람과 이야기하는 것은 유쾌하다.

어휘 및 표현

- 담화하다, 서로 이야기하다 говорить[불완]; разговаривать[불완]; поговорить[완](잠시)
- 지혜로운 умный; мудрый
- 유쾌하다, 즐겁다 приятно; весело

해설

술어 부사 구문에서, 상황으로부터 주체가 누구인지 분명하거나 또는 일반적인 주체가 의미될 때는 논리적 주어를 생략할 수 있다

예제

1. 당신이 올 수 없다니 참 안타깝네요.

- ~할 수 있다 мочь/смочь
- 오다(걸어서) приходить/прийти
- 유감이다 жаль

> (Мне) Очень жаль, что вы не можете прийти.

2. 이 지하실 안은 정말 무섭다.

- 지하실 погреб; подвал
- 정말로, 실제로 действительно; в самом деле
- 무섭다 страшно; ужасно; жутко(기분 나쁨)

> В этом погребе действительно страшно.

3. 그런 순간에 이런 얘기를 한다는 건 어리석은 일이다.

- 이야기하다 говорить/сказать о *ком-чём*
- 우습다, 어리석다 смешно

> Смешно об этом говорить в такую минуту.

러시아어 표현

С умным человеком говорить приятно.

03 | 나는 아이들의 행동으로 너무 창피했다.

어휘 및 표현

- 행동, 행실 поведение; поступок
- ~이유로 за что
- 창피하다 стыдно

해설

술어 부사 구문에서 과거와 미래시제는 각각 조동사 **было, будет**의 도움으로 표현한다.

예제

1. 나는 이것을 듣고 있기가 괴로웠다.

- 듣다(들리다) слышать/услышать
- 괴롭다, 고통스럽다 больно

Мне было больно это слышать.

2. 거기서 그가 심심하지 않을까요?

- 그곳에서 там
- 무료하다
- 무료하다, 지루하다 скучно

Ему там не будет скучно?

3. 모두가 즐거울 겁니다.

- 모든 이, 모든 사람 все
- 즐겁다 весёлый(즐거운, 유쾌한) > весело

Весело будет всем.

러시아어 표현

Мне было очень стыдно за поведение детей.

04 아침에 그는 아주 평온했으며 쾌활하기까지 했다.

어휘 및 표현

- 아침에 утро > утром
- 아주 совершенно(완전히); вполне(전적으로); весьма; очень
- ~조차 даже
- 평온한 спокойный(спокоен); мирный(мирен)
- 쾌활한 весёлый(весел); бодрый(бодр)(활기찬)

해설

정서적인 상태를 표현하기 위해 형용사가 술어로서 쓰일 수 있다:

весёлый (весел) '쾌활한'	спокойный(спокоен) '평온한'
счастливый(счастлив) '행복한'	скучный(скучен) '무료한'
молчаливый(молчалив) '과묵한'	грустный(грустен) '우울한'
печальный(печален) '슬픈'	мрачный(мрачен) '음울한'
злой(зол) '악의에 찬'	энергичный(энергичен) '원기 왕성한' 등.

여기에서 형용사 단어미형은 상대적인 특징을 의미하기 때문에 항상 "상태(성격이나 특성이 아닌)"를 나타낸다. 반면 형용사 장어미형은 상대적인 특징과 절대적인 특징을 모두 의미할 수 있는데, "원래의 성격이나 특성"이 아닌 "일시적인 상태"를 표현하기 위해서는 이 특징이 일시적인 것이라는 다른 표지가 있어야한다:

- Он зол. 그는 악의에 차있다. ("상태")
- Он сегодня злой. 오늘 그는 악의에 차있다. ("상태")
- Он злой. 그는 악의적이다. ("성격")

참고▶ 상태를 표현하는 술어부사와 형용사

술어부사형에 의해서는 "실제 상태"가 표현되는 반면 형용사형을 사용했을 때는 "상태의 외적발현"이 강조된다는 차이가 있다:

Он выглядит весел, хотя ему не весело.
그는 즐겁지 않았지만 쾌활해 보였다.

예제

1. 나는 무료해졌다.
- ~이 되다 становиться/стать *кем-чем*
- 무료한, 적적한 скучный(скучен)

> Я стал скучным.

2. 그녀는 혼자여서 슬프다.
- 단 하나의, 고립된, 미혼자 одинокий
- 슬픈 печальный(печален)

> Она печальна, потому что она одинокая.

러시아어 표현

> Утром он был совершенно спокоен(; спокойный) и даже весел(; весёлый).

05 지금 그는 우울하고 과묵하며 때로 음울하기까지 하다.

어휘 및 표현

- 때때로 иногда
- ~조차 даже
- 슬픈, 우울한 грустный(грустен); печальный(печален)
- 과묵한 молчаливый(молчалив)
- 음울한 мрачный(мрачен); унылый(уныл); подавленный(의기소침한)

러시아어 표현

> Сейчас он грустный(; грустен), молчаливый(; молчалив), иногда даже мрачный(; мрачен).

06 우리 모두가 그의 박식함에 놀라고 있다.

어휘 및 표현

- 지식 знание
- 박식 большие знания; начитанность; учёность
- 놀란 удивить > удивлённый(удивлён)

해설

인물의 정서적 상태를 표현하기 위해 "감정, 정서 표현의 동사로부터 파생된" 피동형동사 과거 단어미형('~된, ~되어진')이 또한 쓰일 수 있다:

- Поведение сына возмутило отца. 아들의 행동이 아버지를 격분시켰다.
- Отец возмутился поведением сына. 아버지가 아들의 행동에 격분했다.
- Отец возмущён поведением сына. 아버지가 아들의 행동에 격분해있다.

그러한 예로는 다음의 것들이 있으며, 이들은 도구격 명사와 함께 쓰인다('~에 의하여 …되어진'): испуган '깜짝 놀란', удивлён '놀란', обрадован '기쁜', огорчён '슬픈', обижен '화가 난', заинтересован '관심 있는', увлечён '몰두된', восхищён '매혹된', возмущён '격앙된', обеспокоен '걱정이 되는' 등.

예제

1. 갑작스런 소음에 모두가 깜짝 놀랐다.

    - 소음 шум
    - 갑작스런 неожиданный; внезапный
    - 깜짝 놀란 испугать > испуганный(испуган)

    > Все были испуганы неожиданным шумом.

2. 투자자들은 이 결정에 기뻐하고 있다.

    - 투자자 инвестор; инвеститор
    - 결정 решение
    - 기쁜 обрадовать > обрадованный(обрадован)

    > Инвесторы обрадованы этим решением.

3. 그녀는 친구의 이야기에 슬퍼졌다.

- 이야기 рассказ
- 슬퍼진 огорчить > огорчённый(огорчён)

> Она была огорчена рассказом друга.

4. 그는 그녀의 전화에 화가 나있다.

- 전화에 의한 대화 звонок
- 화가 난 обидеть > обиженный(обижен)

> Он обижен её звонком.

5. 나는 그의 이야기에 관심을 갖고 있었다.

- 이야기 рассказ; выдумка(꾸며낸)
- 관심 있는 заинтересовать > заинтересованный(заинтересован)

> Я был заинтересован его рассказом.

6. 나는 그의 겸손함에 매료되어있다.

- 겸손 скромность[여]; смиренность[여]
- 매혹된, 매료된 восхитить > восхищённый(восхищён)

> Я восхищён его скромностью.

7. 나는 그의 대답에 격분했었다.

- 대답 ответ
- 격분한, 격앙된 возмутить > возмущённый(возмущён)

> Я была возмущена его ответом.

8. 나는 그가 결석한 것이 무척 걱정된다.

- 결석 отсутствие; пропуск занятий
- 걱정이 되는 обеспокоить > обеспокоенный(обеспокоен)

> Я очень обеспокоена его отсутствием.

러시아어 표현

Все мы удивлены его большими знаниями.

07 모든 청중이 그의 연설에 몰두해 있다.

어휘 및 표현

- 청중 слушатель(청취자) 〉 слушатели[복]; аудитория
- 연설 речь[여]; выступление; доклад(보고, 강연)
- 몰두된 увлечь 〉 увлечённый(увлечён)

러시아어 표현

Все слушатели увлечены его речью.

08 그는 완전히 절망하여 무엇을 해야 할지 몰랐다.

어휘 및 표현

- 절망, 낙담 отчаяние
- 절망에 빠져 в отчаянии
- 알다 знать[불완]
- 하다, 행하다 делать/сделать

해설

술어부사 구문에서처럼 인물의 정서적 상태를 나타내면서 "그 상태에 완전히 몰입되었음"을 강조하고자 할 때는 в *чём*('~에 빠져, 완전히 ~하여') 구문을 사용할 수 있다: в испуге '깜짝 놀라', в удивлении '놀라서', в восторге '환희에 차', в смущении '당혹하여', в отчаянии '절망하여', в досаде '분하여', в ужасе '공포에 사로잡혀', в тоске '우수에 젖어' 등.

예제

1. 그는 놀라움에 몸이 굳어버렸다.

- 굳어지다, 딱딱하게 되다 застывать/застыть
- 놀라서 в удивлении; в испуге

> Он застыл в удивлении.

2. 그녀는 너무 당혹하여 시선을 어디로 피해야할지 몰랐다.

- 시선 глаза; взгляд; взор
- (딴 방향으로)돌리다 отводить/отвести
- 당혹, 당황 смущение; замешательство
- 당혹하여 в смущении; в замешательстве

> Она была в смущении и не знала, куда отвести глаза.

3. 네가 오지 않았더라면 난 완전히 절망했을 거야.

- ~했더라면 …했을 텐데 если бы ~, …бы
- 절망 отчаяние; уныние(의기소침)
- 절망 속에 в отчаянии; в унынии

> Я был бы в отчаянии, если бы ты не пришла.

4. 그는 너무 분해 편지를 찢었다.

- 찢다 разрывать/разорвать(잡아 찢다): рвать/сорвать(잘게 찢다)
- 노여움, 분노 досада; гнев
- 분하여 в досаде; в гневе

> Он был в досаде и разорвал письмо.

5. 그녀는 공포에 사로잡혀 말을 할 수 없었다.

- ~할 수 있다 мочь/смочь
- 말하다 говорить/сказать
- 공포 ужас; страх
- 공포에 사로잡혀 в ужасе; в страхе

> Она была в ужасе и не могла говорить.

러시아어 표현

> Он был в отчаянии и не знал, что делать.

연습문제

01 나 개인적으로는 눈물이 날 정도로 화가 난다.

02 이별할 때는 언제나 조금은 슬픈 법이다.

03 그런데 당신은 빈집에서 혼자 무섭지 않겠어요?

04 작은 것에 만족하는 사람은 행복하다.

05 그는 온종일 아주 원기 왕성하다.

06 학교에서 나는 수업보다 놀이에 더 관심이 있다.

07 나는 러시아 선발팀의 경기에 매료되었다.

08 그들은 이 소식으로 환희에 차있다.

어휘 및 표현

01 눈물 слёзы[복](눈물방울 слеза)　　눈물이 날 정도로 до слёз
　　개인적으로 лично　　　화가 난다, 불쾌하다 обидно; неприятно(불쾌한); противно(싫은)

02 이별 расставание; прощание　　~하곤 하다 бывать
　　항상 всегда　　~할 때에 при чём　　슬프다 грустно; печально

03 빈 пустой　　　홀로 один(одна)　　무섭다 страшно; ужасно; жутко

04 작은 것 малый > малое[명]　　만족한 довольный(доволен) кем-чем
　　~한 사람은 …하다 …тот, кто~　　행복한 счастливый(счастлив)

05 온종일 весь день; целый день
　　원기 왕성한, 정력적인 энергичный(энергичен)
　　'대단히, 아주'를 뜻하는 강조 소사 так과 такой는 각각 형용사 단어미형, 장어미형과 결합한다:
　　⇒ 아주 쾌활하다 так весел; такой весёлый

06 놀이 игра　　수업 урок; занятия[복]　　보다 많이 больше
　　관심 있는 заинтересовать > заинтересованный(заинтересован)

07 선발팀 сборная (команда)　　매혹된, 매료된 восхищённый(восхищён)

08 소식 весть[여]; известие
　　~로 인해 от чего(전치사 от는 주로 의지와 관계없이 거의 반사적으로 일어나는 행위의 원인을 나타낸다)
　　환희 восторг; упоение; восхищение
　　환희에 차 в восторге; в упоении; в восхищении

유머 한마디

-Почему ты такой грустный? -спросил Игорь друга.
-Я просил её выйти за меня замуж, а она отказалась.
-Не расстраивайся! Если женщина говорит "нет", это часто значит "да".
-Это я знаю. Но она не сказала "нет". Она сказала: "Что? Тьфу!"

13 의문문

무엇입니까?
~인가요?

의문사 의문문	кто; какой; как...
의문사 없는 의문문	평서문에 억양만 변화
강조의 역할을 하는 의문소사	ли ~인가요? не... ли ~이지요?, ~해 주세요 разве; неужели 정말로 ~일까?, 설마? правда; не правда ли; так; не так ли 그렇지요?

의문문은 크게 의문사를 가진 의문문과 의문사 없이 평서문에서 억양만 변화시켜 만든 의문문으로 구분할 수 있다. 또한 러시아어에서는 의문사 없는 의문문에 의문소사를 첨가하여 다양한 뉘앙스를 전달할 수 있다.

01 어느 정류장에서 내리십니까?

어휘 및 표현

- 정류장 остановка(버스나 전차의); станция('역')
- 내리다(차에서) сходить/сойти; выходить/выйти
- 어떤 какой

해설

의문사(что, кто, чей, какой, который, как, где, куда, когда, почему, сколько 등)를 가진 의문문은 보통 의문사로 시작된다. 또한 만약 의문사가 전치사구를 이루고 있다면 그 전치사구로 시작된다.

예제

1. 제가 이 편지를 누구에게 전해야하죠?

- 전달하다 передавать/передать
- ~해야 한다 должен(а,о,ы)+инф.; (кому) надо(; нужно)+инф.
- 누구에게 кто > кому

> Кому я должен передать это письмо?

2. 지금 누구의 기사에 대해 말씀하셨어요?

- 기사 статья
- 말하다 говорить/сказать
- 누구의 чей

> О чьей статье вы сейчас говорили?

3. 기차가 몇 시에 출발하죠?

- 기차 поезд
- 출발하다 отходить/отойти; отправляться/отправиться
- 몇 시에? который('몇 번째의') > в котором часу?

> В котором часу отходит поезд?

4. 오늘은 목이 좀 어떠세요?
- 목 горло(목구멍); шея
- 어떠한가 как

> Как ваше горло сегодня?

5. 어디에서 갈아타는 것이 더 좋을까요?
- 갈아타는 것, 환승 пересадка
- 하다, 행하다 делать/сделать
- 더 좋다 лучше
- 어디에 где

> Где лучше сделать пересадку?

6. 상품을 교환하려면 어디로 가죠?
- 상품 товар; продукт
- 교환 обмен
- (부탁, 질문 등을 가지고) 향하다 обращаться/обратиться
- 어디로 куда

> Куда обратиться для обмена товара?

7. 제가 언제 전화 드리면 될까요?
- 전화를 걸다 звонить/позвонить
- 언제 когда

> Когда я могу вам позвонить?

8. 회의에는 몇 명이나 있었죠?
- 회의 собрание; заседание
- 사람 человек(복 люди)
- 얼마 сколько

> Сколько человек было на собрании?

러시아어 표현

На какой остановке вы сходите?

02 왜 교통규칙을 어기셨어요?

어휘 및 표현

- 교통 движение (транспорта); сообщение
- 규칙(제도상의'규정') правила[복]
- 도로 통행 규칙 правила (уличного; дорожного) движения
- 위반하다 нарушать/нарушить
- 왜 почему; отчего(무엇 때문에); зачем(무슨 목적으로)

러시아어 표현

Почему вы нарушили правила движения?

03 이에 대해 경찰에 알리셨나요?

어휘 및 표현

- 경찰, 경찰관, 경찰서 полиция[단]
- 알리다 сообщать/сообщить *кому* о *чём*; осведомлять/осведомить *кого* о *чём*; извещать/известить *кого* о *чём*

해설

의문사가 없는 의문문은 평서문에서 억양만 변화시켜 만든다. 따라서 묻고자하는 중심 되는 말을 보다 높고 강하게 발음한다.

예제

1. 저를 기다리시게요?

- 기다리다 ждать/подождать

> Вы меня подождёте?

2. 그가 당신의 질문에 모두 답을 하던가요?

- 질문 вопрос
- 대답하다 отвечать/ответить *кому* на *что*

> Он ответил на все ваши вопросы?

3. 그들이 새 아파트로 이사를 했던가요?

- 아파트 квартира
- 이사하다 переезжать/переехать; перемещаться/переместиться(자리를 옮기다)
- 새로운 новый

> Они переехали на новую квартиру?

4. 그들이 월요일에 시험을 치르나요?

- 시험 экзамен
- 치르다(시험) сдавать[불완]
- 월요일에 в понедельник

> Они сдают экзамен в понедельник?

러시아어 표현

Вы сообщили об этом в полицию?

04 | 당신은 부인용 자전거를 갖고 계신 건가요?

어휘 및 표현

- 자전거 велосипед
- 부인의 дамский
- ~에게(소유) у кого

해설

'있다, 가지고 있다'를 뜻하는 동사 быть의 현재시제형 есть는 논의의 초점이 존재사실 자체에 있을 때만 사용되며, 초점이 대상의 성질이나 수량 등에 있을 때는 생략된다:

- 당신은 자전거가 있습니까? У вас есть велосипед?
- 당신 집에는 자전거가 한 대 있습니까, 아니면 두 대 있습니까?
  У вас в семье один или два велосипеда?

그러나 과거와 미래시제형(был, будет)은 항상 쓰인다:
- 당신은 새 교과서를 갖고 있었습니까? У вас был новый учебник?

러시아어 표현

У вас дамский велосипед?

05 | 우리가 집을 지을 수 있을까요?

어휘 및 표현

- 집 дом
- 건설하다 строить/построить; сооружать/соорудить
- 할 수 있다 уметь/суметь(능력); мочь/смочь(가능)
- ~인가요? ли

해설

의문사 없는 의문문에 "의문 소사"를 사용하여 다양한 뉘앙스를 전달할 수 있다. 의문소사 ли는 묻고자 하는 말의 바로 뒤에 붙어서 그 뜻을 강조해준다.

예제

1. 여기에서 먼가요?

- 멀다 далеко
- 여기로부터 отсюда
- ~인가요? ли

> Далеко ли отсюда?

2. 새로운 모델이 곧 나올까요?

- 모델, 모형, 본 модель[여]: образец
- (결과가)나오다 выходить/выйти
- 곧 скоро; вскоре

> Скоро ли выйдет новая модель?

3. 그가 맞게 대답한 겁니까?

- 대답하다 отвечать/ответить
- 옳게 правильно; верно

> Правильно ли он ответил?

4. 우리가 선생님의 질문에 답하는 걸 들으셨나요?

- 질문 вопрос
- 선생 преподаватель; учитель(교사)
- 듣다(들리다) слышать/услышать

> Слышали ли вы, как мы отвечали на вопросы преподавателя?

러시아어 표현

Сумеем ли мы построить дом?

06 그에게 제 부탁 좀 전해주실 수 없어요?(전해주세요)

어휘 및 표현

- 부탁 просьба
- 전하다 передавать/передать
- 할 수 있다 мочь/смочь
- ~이지요?, ~해 주세요 не... ли

해설

"не-ли"는 예상이 맞는지를 "확인하는 질문"에서('~가 아닌가요?, ~이지요?'), 또는 "청유의 의미를 가진 의문문"에('~해 주세요') 사용된다.

예제

1. 이건 거짓이 아닐까?

- 거짓 обман(기만); ложь[여]
- ~이지요? не... ли

> Не обман ли это?

2. 나를 좀 도와주지 않을래?(= Помоги мне, пожалуйста. '나 좀 도와줘')

- 돕다 помогать/помочь *кому* в *чём*
- ~해 주세요 не... ли

> Не поможешь ли ты мне?(; Ты мне не поможешь?)

3. 저희 좀 집까지 태워주실 수 없나요?('태워주세요')

- (어느 지점까지 태워서) 운반하다, 데리고 가다 подвозить/подвезти
- 집으로 домой

> Не могли ли бы вы подвезти нас домой?

러시아어 표현

Не могли ли бы вы передать ему мою просьбу?

07 정말로 그가 오늘 도착한다는 사실을 너희들 중 그 누구도 몰랐단 말이야?

어휘 및 표현

- 아무도(~않다) никто
- 도착하다(차로) приезжать/приехать
- ~가 …한 것을 알다 знать, что~
- ~중에서 из *кого-чего*, среди *кого-чего*(~가운데)
- 정말로 ~일까? разве

해설

화자의 예상과 다른 결과로 인해 생긴 의문에서 "놀라움"의 뉘앙스는 разве(정말로 ~일까?), неужели(설마? 과연 그런가?)가 표현하는데, 이들은 보통 문장 맨 앞에 온다.

참고 ▶ 알다(знать), 생각하다(думать), 말하다(сказать), 확신하다(уверить) 등과 같이 뒤에 "사실"을 의미하는 절을 이끄는 술어들은 접속사 что와 쓰인다:

나는 페테르부르크에 루스끼 무제이라는 박물관이 있다는 것을 알고 있었다.
Я знал, что в Санкт-Петербурге есть Русский музей.

모두들 그가 훌륭히 과제를 수행하리라 확신한다.
Все уверены, что он хорошо выполнит задание.

그가 편지 한 통 보내지 않은 것이 이상하다.
Странно, что он не прислал ни одного письма.

반면, "목적이나 바람, 필요"를 뜻하는 술어는 접속사 чтобы와 쓰인다:
나는 당신이 이것을 이해하기 바랍니다.
Я хочу, чтобы вы это поняли.

선생님은 학생들이 주의를 기울이기를 요구한다.
Учитель требует, чтобы ученики были внимательны.
회의에는 모두가 참석해야 한다.
Необходимо, чтобы на собрании присутствовали все.

예제

1. 정말 그가 자신의 약속을 잊을 수 있을까요?

- 약속 обещание; слово
- 잊다 забывать/забыть(; о *ком-чём*)

> Разве он может забыть о своём обещании?

2. 스스로 판단해보세요, 정말 이것이 더 좋은 방법이 아닐까요?

- 방법 способ; метод; путь[남]
- 판단하다 судить/посудить; думать/подумать('생각하다')
- 더 좋은 хороший > лучший
- 스스로 сам(а,о,и)

> Посудите сами, разве это не лучший способ?

3. 설마 어떻게도 그를 도울 수가 없단 건가요?

- ~할 수 없다(불가능) нельзя(; невозможно)+инф.
- 돕다 помогать/помочь
- 아무리 해도(~않다) никак
- 설마? 과연 그런가? неужели

> Неужели нельзя никак ему помочь?

러시아어 표현

Разве никто из вас не знал, что он приезжает сегодня?

08 이건 아무도 마음에 들어 하지 않아요, 그렇죠?

어휘 및 표현

- 아무도, 누구도 (~않다) никто
- 마음에 들다 (*кому*) нравиться/понравиться
- 그렇지요? правда?; не правда ли?; так?; не так ли?

해설

화자는 상대의 대답을 재촉하면서 '응?, 네?'의 의미로 **а?; да?**를, 또한 상대의 관심을 끌어 자신의 생각에 대한 동의를 구하며 '그렇지요?, 그렇지 않은가요?'의 의미로 **правда?; не правда ли?; так?; не так ли?** 등을 문장 끝에 덧붙일 수 있다.

예제

1. 그 사람 어디 있어, 응?

- 응?, 네? а?; да?

> Где он, а?

2. 피곤하시지요, 네?

- 피로해지다, 지치다 уставать/устать

> Вы устали, да?

3. 인생은 아름다워요, 그렇죠?

- 인생, 삶 жизнь[여]
- 아름다운, 훌륭한 прекрасный
- 그렇지요?, 그렇지 않은가요? правда?; не правда ли?; так?; не так ли?

> Жизнь прекрасна, не правда ли?

4. 그 사람들 결혼했죠, 그렇죠?

- 결혼하다 жениться(; пожениться)[완](남녀가); выходить/выйти замуж за *кого*(여자가); жениться[완, 불완] на *ком*(남자가)

> Они поженились, не правда ли?

5. 그가 이 방에서 지내는군요, 그렇죠?

- 지내다, 생활하다 жить[불완]; поживать[불완](구어)

> Он живёт в этой комнате, не так ли?

러시아어 표현

Это никому не нравится, не правда ли?

연습문제

01 당신은 누구에게서 이 이야기를 들으셨어요?
　　_____

02 왜 그렇게 일찍 일어나세요?
　　_____

03 개한테 예방접종을 꼭 해야 합니까?
　　_____

04 당신 집에는 러시아어로 된 책이 많이 있습니까?
　　_____

05 너 세미나 준비는 된 거니?
　　_____

06 여기에서 무슨 일이 일어났는지 말해주지 않을래?(말해줘)
　　_____

07 정말로 의심할만한 어떤 근거들이 있나요?
　　_____

08 우리 형은 장기를 참 잘 둬요, 그렇죠?
　　_____

어휘 및 표현

01 생긴 일, 사건 история; дело; случай   듣다, 들어서 알다 слышать/услышать
    누구로부터 кто > от кого

02 기상하다 вставать/встать   그토록 так
    왜 зачем(무슨 목적으로); почему

03 개 собака; щенок(강아지)   예방접종 прививка
    하다, 행하다 делать/сделать
    ~해야 한다 кто должен+инф.; (кому)нужно+инф.
    꼭, 반드시 обязательно

04 많다 много кого-чего   집에 дома
    러시아어로 쓰여 진 на русском языке

05 세미나 семинар   ~인가요? ли
    ~에 필요한 준비를 하다(자신에 대해) подготовляться/подготовиться;
                          приготовляться/приготовиться к чему

06 (사건이)일어나다, 생기다 случаться/случиться
    말하다 говорить/сказать   ~해 주세요 не... ли

07 근거 основание; причина(이유)   의심 сомнение
    있다 есть(быть)   어떤(것이건) какой-нибудь
    ~하기 위해 для чего   정말로 ~일까 разве

08 장기 шахматы[복]   장기를 두다 играть в шахматы
    그렇죠? правда?; не правда ли?
    '놀이나 경기를 하다'의 의미는 играть во что 구문을, '악기를 연주하다'의 의미는 играть на чём 구문을 사용한다:
    축구를 하다 играть в футбол
    카드놀이를 하다 играть в карты
    바이올린을 켜다 играть на скрипке

유머 한마디

- Если ты не будешь есть суп, я позову милиционера.
- Мама, неужели ты думаешь, что он будет есть этот суп?

연습문제 해답 및 유머 해석

01

01 Можно съездить туда и обратно за один день?
02 Займите место справа у окна.
03 Вы можете спуститься вниз на лифте.
04 Он стоял впереди в очереди.
05 Комната, кажется, заперта изнутри.
06 Вы это услышите везде и всюду.
07 Я живу далеко от родных.
08 Это слово должно быть где-то вверху страницы.
09 Давайте встретимся где-нибудь около университета.
10 Боюсь, что вы нигде этого не найдёте.
11 Ему негде спрятаться от дождя.
12 Мы переехали туда, где живут наши родители.

유머 해석

운전사가 병원에서 눈을 떴다. 주의 깊게 옆에 누운 사람을 쳐다보더니 그에게 묻는다.
"우리 어디에선가 본 적이 있던가요?"
"당연하죠! 그러니까 여기에 누워있는 것 아니오."

02

01 Она вынула платок из кармана.
02 С деревьев падают последние жёлтые листья.
03 Мощный тайфун подошёл к берегам Камчатки.
04 Придётся поставить чемодан под кровать.
05 Я стоял за ним, но он меня не заметил.
06 Напротив здания посольства начались дорожные работы.
07 Туда можно ехать пароходом или по железной дороге.
08 Можно ли звонить по телефону через интернет бесплатно?
09 Перед домом стоял чей-то автомобиль.
10 Мы основали при заводе ясли.
11 Длина Волги почти равна расстоянию от Москвы до Северного полюса.

유머 해석

기차역에서.
"페테르부르크에서 모스크바까지 얼마나 가죠?"
"여덟 시간이요."
"그럼 모스크바에서 페테르부르크까지는요?"
"물론 여덟 시간이죠, 당연히 같은 것 아니오?"
"당연히 같지 않죠. 크리스마스에서 부활절까지는 넉 달인데 부활절에서 크리스마스까지는 여덟 달이잖소!"

03

01	Я смеюсь, потому что вспомнил смешной анекдот.
02	Все быстро заснули, так как очень устали.
03	Из-за шума я не мог разобрать его слов.
04	Из-за аварии на электростанции электричество выключилось.
05	Благодаря вашему вмешательству дело не дошло до ссоры.
06	Она не хочет признать ошибку из упрямства.
07	Из любопытства я поинтересовался работой своего друга.
08	От страха он закричал, будто сумасшедший.
09	От радости люди либо смеются, либо плачут.
10	За что он на вас рассердился?
11	Концерт начинается ровно в девять, поэтому будьте там без четверти девять.
12	Сейчас время отпусков, поэтому билеты лучше покупать заблаговременно.
13	Я думаю, что эти билеты ещё пригодятся, так что не выбрасывайте.

유머 해석

물리 선생님이 말씀하셨다.
"왜 번개 빛이 먼저 보이고 천둥소리는 나중에 들릴까요?"
보보치카가 대답했다.
"그야 눈이 귀보다 앞에 있으니까 그렇죠!"

04

01 Сейчас слишком поздно что-либо делать.
02 Я познакомился с ним уже давно.
03 Я собираюсь поговорить с ним завтра утром.
04 Зимой мы катаемся на лыжах или на коньках.
05 Раньше мы проводили лето в деревне.
06 Он сначала выкурил сигарету, а затем заговорил.
07 В эти часы трамваи ходят часто.
08 Брат ежедневно делает гимнастику.
09 Долго ли вы там пробудете?

유머 해석

어렸을 적 난 뭐든 내 아버지가 원하시는 대로 했지. 그리고 지금은 내 아이들이 원하는 대로 하고 살아. 대체 난 언제 내가 원하는 대로 하게 될까?

05

01 Я думаю, что в следующем году смогу купить новую машину.
02 За ужином время прошло незаметно.
03 До летних каникул я сдал экзамен по специальности.
04 Снег выпал после праздников.
05 Каждый день я встаю за час до начала лекций, я никогда не опаздываю.
06 Когда он вышел во двор, там друзья уже играли в волейбол.
07 Надеюсь получить от тебя весточку прежде, чем мы уедем.
08 После того как я перечитал письмо, я надписал пропущенные слова.
09 Мы занимаемся музыкой по пятницам.
10 Он ничего не ел с утра до вашего возвращения.
11 Этот вопрос обсуждался на собрании целый час.
12 Пока он не встал, никто не замечал его высокого роста.

유머 해석

선생님께서 말씀하셨다.

"월요일, 화요일, 수요일… 일주일동안 여러분들이 무엇을 하고 지냈는지 써보세요."
보보치카가 썼다.
"일요일에 아빠가 상점에 가셔서 커다란 생선을 사오셨다. 우린 그걸 월요일에, 화요일에, 수요일에, 목요일에, 금요일에 먹었고 토요일에 먹을 것도 아직 남아있다."

06

01 Есть(; Имеются) ли какие-нибудь сведения об этом?
02 У Маши длинные волосы и голубые глаза.
03 Тут иногда бывают(; встречаются) землетрясения.
04 Для него не существует препятствий.
05 Он присутствовал(; был) на переговорах в качестве наблюдателя.
06 В этой статье содержатся(; есть; имеются) интересные факты.
07 Она слушала меня с большим интересом.
08 Нет оснований предполагать, что завтра погода ухудшится.
09 Некуда положить вещи.
10 На это мне нечего ответить.
11 Без сомнений, это так.

유머 해석

두 노인이 이야기한다.
"의사가 나보고 동맥경화에 류머티즘, 협심증에다가 당뇨, 그리고…"
"됐네, 그만하게! 그보단 자네한테 없는걸 말해보게!"
"이가 없다네."

07

01 Если дождь перестанет, мы отправимся в путь завтра.
02 Если работать по-новому, можно перевыполнить план.
03 Раз слишком дорого, не покупайте.
04 Если бы вы пришли вовремя, мы смогли бы закончить работу.
05 Если бы он не был архитектором, он стал бы художником.
06 Хотя мы захотели подняться на вершину, мы не смогли.

07	Он не смог поступить в институт, хотя он окончил с отличием школу.
08	Хоть у меня и нет времени, я готов помочь вам.
09	Как бы мы ни старались, он всё равно будет недоволен.
10	Как бы тебе ни нравился этот человек, не стоит показывать свои чувства.
11	Сколько я ни звонил ему, у него всё время было занято.
12	Несмотря на позднюю ночь, он продолжал работать над докладом, который собирался сделать на следующий день.
13	В последние годы процесс урбанизации усиливается, несмотря на усилия правительства ослабить эту тенденцию.

유머 해석

선생님이 물으셨다.
"보보치카! 만약 네게 1달러가 있고 형에게 또 1달러를 달라고 한다면 모두 얼마가 되겠니?"
"1달러죠, 선생님"
"계산을 잘 못하는구나"
"아니에요, 선생님께서 저희 형을 잘 모르시는 거죠."

08

01	Чтобы не потерять зонтик, она положила его в сумочку.
02	Они разговаривали тихо, чтобы не разбудить ребёнка.
03	Чтобы играть в эту игру, нужно разбиться на две группы по 5 человек.
04	Мать накрыла лампу платком, чтобы свет не мешал ребёнку спать.
05	Он закрыл окно, чтобы в комнате не было холодно.
06	Мы приехали в Москву осмотреть столицу.
07	Они решили пойти за покупками.
08	Он приехал для участия в соревнованиях.
09	Мой преподаватель сегодня заберёт конспект на проверку.

유머 해석

"보보치카, 착한 아이는 천국에 가고 나쁜 아이는 지옥에 간단다."
"그럼 동물원에 가려면 어떻게 해야 하죠, 할머니?"

09

01 В этой семье все дети очень похожи друг на друга.
02 Со мной случилось нечто подобное.
03 Москва по своей архитектуре отличается от других городов.
04 В отличие от брата, он живой и остроумный парень.
05 По сравнению с Москвой Ярославль город небольшой.
06 Я говорю по-русски лучше, чем по-английски.
07 Он намного моложе её.
08 Чем больше он занят, тем чаще он забывает о личных делах.
09 Завтра соберёмся в общежитии, как договорились.
10 Корейский язык, так же как и японский, включает огромное число заимствованных слов китайского происхождения.
11 Я так устал, как будто работал без отдыха целый день.
12 Они обрадовались встрече, словно не виделись много лет.

유머 해석

보보치카가 친구를 데리고 집으로 와 말했다.
"엄마, 보세요, 이 아이가 미샤예요! 아주 특별한 아이죠!"
"뭐가 그렇게 특별하니?"
"저보다도 더 공부를 못하거든요!"

10

01 Он должен серьёзно подумать о своём будущем.
02 Нам надо судить о людях не по внешности, а по душевным качествам.
03 Эта книга мне больше не нужна.
04 Ему не нужно было писать доклад.
05 Можно поменять этот товар на другой?
06 Она может так поступить, а я не могу.
07 Было настолько темно, что ничего нельзя было разобрать.
08 Я никак не могу найти свободное время, чтобы поехать на родину.
09 Мы можем подождать в этой комнате?
10 Врач сказал, что ей нельзя есть солёную пищу.

11 Я хочу узнать, кто пускает эти слухи.
12 Я хотел бы, чтобы в следующем году вы ещё раз приехали к нам.
13 Не будите его, пусть он спит.

유머 해석

"보보치카, 산책하러 가자!"
"안돼, 우리 아빠가 얼마나 엄하신데. 아빠가 내 숙제를 하실 땐 내가 꼭 옆에 있어야 해."

11

01 Эта книга не боится никакой критики.
02 Она ничуть не испугалась.
03 Я удивился его мужеству.
04 Все огорчились известию о его смерти.
05 Не верьте слухам!
06 Я буду скучать по вам.
07 Все его уважали, но никто не любил его.
08 Я презираю слово "лимит".
09 Он обиделся на равнодушие журналистов.
10 Другие жители жалуются (на то), что вы очень шумите.
11 Он так увлёкся игрой, что не чувствовал холода.
12 Все возмутились его грубым поведением.
13 Спортсмен гордится своими наградами.
14 Не заботьтесь о нас, мы ни в чём не нуждаемся.
15 Я никогда не сомневался в его честности.

유머 해석

교도소 소장이 말했다.
"당신은 자유의 몸이 되었습니다. 이제 정직한 삶을 시작하시기 바랍니다."
"아, 소장님! 내 나이 벌써 60이요, 난 모험은 하고싶지 않소."

12

01　Мне лично обидно до слёз.
02　При расставании всегда бывает немного грустно.
03　А вам не страшно будет одной в пустом доме?
04　Счастлив тот, кто малым доволен.
05　Весь день он такой энергичный(; так энергичен)!
06　В школе я больше заинтересован играми, чем уроками.
07　Я восхищён игрой сборной России.
08　Они в восторге от этой вести.

유머 해석

이고리가 친구에게 물었다.
"너 왜 그렇게 우울하니?"
"그녀에게 청혼했는데, 거절 당했어."
"너무 실망하지마! 여자가 '싫다'라고 말하는 건 종종 '좋다'를 의미하기도 해."
"나도 알아. 근데 그녀는 '싫다'라고 하지 않았거든. "뭐라구? 쳇!"이라고 하더라구."

13

01　От кого вы услышали эту историю?
02　Зачем вы встаёте так рано?
03　Обязательно нужно делать прививки собаке?
04　У вас дома много книг на русском языке?
05　Подготовился ли ты к семинару?
06　Не скажешь ли ты, что здесь случилось?
07　Разве есть какие-нибудь основания для сомнений?
08　Мой брат хорошо играет в шахматы, не правда ли?

유머 해석

"만약 네가 스프를 먹지 않는다면 경찰아저씨를 부를 거다."
"엄마, 설마 경찰아저씨가 이 스프를 드실 거라고 생각하세요?"

가장 쉽게 배우는
러시아어 작문 첫걸음

초판 인쇄 | 2006년 8월 28일
3쇄 발행 | 2019년 1월 18일

지 은 이 | 송해정
펴 낸 이 | 장영재
펴 낸 곳 | 도서출판 산호와진주
자 회 사 | 미르에듀
전　 　화 | 02) 3141-4421
팩　 　스 | 02) 3141-4428
등　 　록 | 2003년 4월 4일 (2003-17호)
주　 　소 | 서울시 마포구 성마산로32길 12 2층 (우 03983)
e - m a i l | sanhonjinju@naver.com
카　 　페 | cafe.naver.com/mirbookcompany

* 도서출판 산호와진주는 독자 여러분의 의견에
　 항상 귀 기울이고 있습니다.
* 파본은 책을 구입하신 서점에서 교환해 드립니다.
* 책값은 뒤표지에 있습니다.